SKISPRINGEN

verständlich gemacht

Tina Schlosser

SKISPRINGEN

verständlich gemacht

COPRESS SPORT

Lektorat: Julia Niehaus, Berlin
Umschlaggestaltung: Studio Schübel, München
Layout:
VerlagsService Dr. Helmut Neuberger & Karl Schaumann GmbH
DTP-Satz: B.S. – Grafikdesign, Berlin
Grafik: Anneli Nau, München
Titelfoto: Bongarts
Fotos Innenteil: Alle Abbildungen Sammy Minkoff

ISBN 3-7679-0546-9

Printed in Germany
ISBN 3-7679-0546-9
www.copress.de

Inhalt

ruhrgas
Willingen
ROSSIGNOL

Zu diesem Buch

Sie steigen auf einen Turm, schnallen sich Ski an, rasen mit über 100 km/h auf einer Rutschen ähnlichen Konstruktion eine enge Spur hinab, drücken sich bei Höchstgeschwindigkeit am Schanzentisch ab, schießen Sekunden balancierend durch die Luft, um unten mit einem Ausfallschritt und einem verklärten Blick heil anzukommen. Diese Menschen müssen doch eigentlich verrückt sein. Diese Menschen nennen sich Skispringer. Sie wagen etwas, was sich kaum jemand traut, und genau das macht die Faszination dieses Sports aus. Für den Zuschauer werden sie zu Helden, doch davon wollen die Skispringer nichts hören. Nicht einmal, wenn sie auf die Skiflugschanzen steigen und beim Versuch, über 200 Meter zu springen, ihr Leben riskieren.

Skispringen ist eine Natursportart, die Bedingungen sind niemals identisch. Ein Springen wird von Wind, Schnee, Regen und Temperaturschwankungen beeinflusst. Genau das ist der Antrieb der Skispringer: Unter verschiedensten Anforderungen und auf unterschiedlichsten Schanzen wollen sie einen perfekten Sprung zeigen.
Dafür werden Trainingswissenschaftler, Ärzte und Techniker beschäftigt. Mit neu hinzugewonnenen Kenntnissen entwickeln sich Material und Technik weiter. Ob bei der Legierung des Helms, dem Kernaufbau des Skis, der Stoffe der Anzüge – oder auch mit Veränderungen biomechanischer Parameter wie z. B. des Absprungwinkels – jedes Jahr überraschen die Springer Konkurrenz und Publikum mit Neuerungen. Oft prägen solche Veränderungen eine ganze Saison oder gar Jahrzehnte, manchmal überleben sie gerade mal einige Springen, weil sie sich im Wettkampf nicht bewähren.

Ziel dieser ewigen Tüftelei ist es, ideale Voraussetzungen für einen maximalen Geschwindigkeitsaufbau sowie eine optimale Ausnutzung des Auftriebs zu schaffen. Diese beiden Kriterien müssen nach dem heutigen Wissensstand erfüllt werden, um weit zu fliegen und auf Dauer konkurrenzfähig zu bleiben. Die Formel ist einfach: Je schneller, desto weiter, und je mehr Auftrieb, desto länger in der Luft. Auch an der Sprungtechnik wird ständig gearbeitet. Ruderten die Athleten in den Anfangszeiten des Skispringens noch mit den Armen und hielten die Beine parallel geschlossen, so ist der moderne Sprungstil von einer beeindruckenden Ruhe in der Luft und einem V-förmigen Anstellwinkel der Ski geprägt.
Da die Entwicklung von Material und Stil im Erfolgsfall weitere Sprünge ermöglicht, ist parallel dazu eine permanente Angleichung des Regelwerks erforderlich. Dazu zählt auch die Veränderung der Schanzen. Viele Schanzen, von den Springern „Alte Böcke“ genannt, erfüllen die inzwischen notwendigen Anforderungen nur noch bedingt, müssen dementsprechend modernisiert werden. Manche bekommen gar keine Zulassung mehr. Jüngstes Beispiel: die Bergisl-Schanze in Innsbruck. Sie wurde 2001 gesprengt.
Einhalten und Anpassen der Regeln wird durch eine Jury überwacht. Sie wägt mögliche Störfaktoren und Risiken gegeneinander ab, um die Sicherheit der Springer zu gewährleisten.
Spätestens seit den Erfolgen von Jens Weißflog und Dieter Thoma bei Olympischen Spielen und Weltmeisterschaften sowie dem Mannschaftsgold 1999 bei der WM in Ramsau ist Skispringen in Deutschland auch außerhalb der traditionellen Vierschanzentournee populär. Vor allem die neue Generation der Skispringer um Martin Schmitt und Sven Hannawald begeistert seitdem tausende von jungen Menschen.

Folgende Doppelseite: Dieter Thoma, Martin Schmitt, Sven Hannawald, Christoph Duffner (v. l.) nach ihrem Mannschaftsgold bei der WM in der Ramsau im Februar 1999. Ein Sieg, der das Skispringen in Deutschland wieder populär machte. Sämtliche Sportpreise wurden in diesem Jahr an das Team vergeben.

Thomapyrin
Haas
FERTIGBAU
reusch

KANGOL
Vergölst
Reifen + Autoservice

Die Geschichte des Skispringens

Skispringen musste nie um seine Anerkennung kämpfen. Es wurde von Beginn an von Athleten und Zuschauern geliebt. Die Sportart gilt als eine perfekte Mischung aus Ästhetik und Mut.

Die Grundidee des Skispringens besteht darin, nach Anfahrt auf eine erhöhte Absprungstelle (den Schanzentisch) einen explosiven Absprung und eine große Sprungweite zu erzielen. Neben der Weite geht es darum, eine ästhetisch und aerodynamisch wirkungsvolle Körperhaltung und Skiführung zu demonstrieren. Die Bewertung der Sprungleistung erfolgt nämlich nicht nur aufgrund der Weite, es geht ebenso um die Körperbeherrschung – die Haltungsnoten. Die Weite wird in Punkte umgerechnet und mit den Haltungsnoten zu einer Gesamtnote zusammengefasst. Heißt: Ein Schanzenrekord allein genügt nicht unbedingt, um Sieger zu sein.

Vom Holmenkollen zur ersten deutschen Goldmedaille

Skispringen hat seinen Ursprung in Norwegen. Überlieferte Quellen berichten erstmals Ende des 18. Jahrhunderts von springenden Bergbauern. Bei ihren Abfahrten nutzten sie kleinere Hügel für Sprungeinlagen und bauten diese im Laufe der Zeit aus. Im Jahre 1796 beschrieb der holländische Seeoffizier Cornelius De Jong norwegische Sportsoldaten, die über schneebedeckte Holzhaufen und Scheunendächer sprangen. Im Jahre 1860 wurden die ersten Wettkämpfe ausgetragen. Damals nahmen die Männer noch einen Stock zu Hilfe. 21 Jahre später, im Rahmen der Huseby-Skiwettkämpfe in Kristiania (heute Oslo) wurde Skispringen

bereits ohne Stöcke demonstriert. 1882 war Skispringen Teil der ersten Holmenkollen-Spiele. Wintersport gewann an Bedeutung, und die Norweger verbreiteten die Sportart in der ganzen Welt.
Leif Berg unterrichtete in der Schweiz. Die Brüder Hemmesveit, Sondre Nordheim und Holmenkollen-Sieger Karl Hovelsen wanderten nach Amerika aus, gründeten dort Skiclubs und regten den Bau von Sprungschanzen an. Zeitgleich entstanden auch in München und in Todtnau im Schwarzwald Skiclubs.
Schon bei den ersten Olympischen Winterspielen 1924 in Chamonix wurde das Springen ins Programm aufgenommen. Gleichzeitig wurde in der Schweiz auch der Weltverband FIS, die Fèderation International de Ski, gegründet. Der erste Olympiasieger war der Norweger Jacob Tullin-Thams. Deutschland war von diesen Spielen als Verursacher des Ersten Weltkrieges noch ausgeschlossen. Dennoch wurde Skispringen bei den Deutschen immer beliebter und leistungsorientierter. Walter Glaß aus Aschberg gewann 1927 die Österreichischen und Schweizer Meisterschaften.

Das FIS-Emblem

Die ersten Planungen einer Weltmeisterschaft scheiterten zunächst an der Ablehnung der skandinavischen Länder. Sie hatten ihre Holmenkollen-Spiele und duldeten keine Konkurrenzveranstaltung. Ab 1929 fanden je-

doch jährlich FIS-Wettkämpfe statt. Das erste Springen wurde in Oberhof (Thüringen) ausgetragen und von Birger Ruud gewonnen. Für den Norweger war es der Auftakt einer ganz großen Siegesserie. 1932 und 1936 holte er bei Olympischen Spielen Gold, gewann die Weltmeisterschaft 1937 und bei seinen letzten Olympischen Spielen, 1948 noch mal Silber.
Nach dem Zweiten Weltkrieg fanden Skiweltmeisterschaften nur noch alle zwei Jahre statt. Doch erst seit 1985 wird die WM in ungeraden Jahren ausgetragen.
Bei den Olympischen Spielen 1960 in Squaw Valley gewann der Thüringer Helmut Recknagel als erster Deutscher olympisches Gold. Er hielt, im Gegensatz zu den anderen, in der Flugphase die Arme vor dem Kopf, als wolle er einen Kopfsprung ins Wasser machen. Recknagel dominierte die Szene bis 1962, sprang allerdings nie einen Weltrekord.

Telemark-, Tropfen- und V-Stil

Skispringen ist eine Frage des Stils, vor allem weil er in die Bewertung miteinbezogen wird. Wie in der Kunst stößt auch im Skispringen die Ablösung eines arrivierten Stils immer erst mal auf Ablehnung. Auch weil die ästhetischen Maßstäbe neu definiert werden müssen. Doch wie in jeder anderen Sportart heißt es auch im Skispringen: Stillstand ist Rückschritt.
Am Anfang stand der Telemark-Stil, benannt nach einer Region Norwegens. Er hatte nichts Aerodynamisches. Die Ski wurden in der Luft parallel zur Aufsprungbahn geführt. Der Körper sollte einen rechten Winkel zu den Ski bilden.
Größere Weiten waren so nicht zu erzielen. Dennoch dachte niemand an eine Veränderung, hätte nicht der skisprungbegeisterte Theoretiker Prof. Dr. Reinhard Strautmann ein Faible für Aerodynamik gehabt. Er testete schon in den 20er Jahren im Windkanal. Seine Studien und Ergebnisse wurden jedoch nur zögerlich angenommen. Erst 1950 setzte sich der von ihm ent-

wickelte Tropfenstil durch. Die Springer gingen nach dem Absprung in Vorlage, legten die Arme an den Körper, die Hüfte wurde abgeknickt. Ein neues Sprungzeitalter war angebrochen – der Stil hielt sich über zehn Jahre, denn er war sehr effektiv. Erst der Russe Koba Zakadse veränderte ihn, indem er eine extreme Vorlage wagte und hervorragende Weiten sprang. Mitte der 80er Jahre kam es dann zur erneuten Revolution. Erstmals wurde der Scherenstil, heute als V-Stil bekannt, gesprungen. Erfinder war der Schwede Jan Bokloev. Mit dieser neuen Technik gewann er am 10.12.1988 in Lake Placid sein erstes Weltcup-Springen. Wissenschaftliche Untersuchungen brachten den Beweis, dass V-Stil-Springer 26 bis 28 % mehr Auftrieb nutzen können als Parallel-Springer. Das bedeutete eine enorme Weitenverbesserung, wurde aber mit hohem Punktabzug bestraft, weil der Sprungstil nicht den ästhetischen Vorstellungen der Internationalen Skiwettkampfordnung (IWO) entsprach. Dennoch setzte er

Andreas Bauer sprang als Aktiver noch den Parallelstil. Der Oberkörper war stärker aufgerichtet. Heute lehrt Andreas Bauer als DSV-Nachwuchstrainer den V-Stil.

Folgende Doppelseite: Mit der Erfindung des V-Stils revolutionierte der Schwede Jan Bokloev das Skispringen.

uvex
INTER
SPORT
83

sich durch. Den ersten Olympiasieg im V-Stil holte der Österreicher Ernst Vettori 1992, der Norweger Espen Bredesen wurde ein Jahr später Weltmeister. Kritik gab es nur noch von Nationen, deren Springer die Umstellung nicht schafften.

Parallel zu dem Bestreben, immer größere Sprungweiten zu erzielen, sowie zur Materialentwicklung, wurden immer größere und modernere Schanzen gebaut. Durch sie explodierten nicht nur die Sprungweiten, es veränderten sich auch die Anforderungen an die physische Konstitution der Sportler. Die logische Fortsetzung war der Bau von Großschanzen und die Einführung des Skifliegens.

Die Anfänge des Skifliegens

1935 wurde die erste Skiflugschanze im Planica-Tal in Slowenien gebaut. Anfangs wurde sie nicht als solche bezeichnet. Erst als sich die FIS gegen dieses neue Mammutbauwerk aussprach, wurde Skifliegen als eigene Disziplin ausgekoppelt. Die Bedenken des Weltverbandes waren zum einen, dass die Verbreitung der Großschanzen die Entwicklung des Skispringens stoppen könnte. Zum anderen äußerten der Verband wie auch einige Springer Sicherheitsbedenken. Dafür war das Publikumsinteresse enorm. Der erste Springer, der einen Sprung über hundert Meter stand, war der Österreicher Sepp Bradl – es war im Winter 1936. Die gemessene Weite betrug 101,5 Meter. Schon ein Jahr später verbesserte er seinen eigenen Weltrekord auf 107 Meter.
Seit 1950 wurden auch in Oberstdorf (Deutschland), Vikersund (Norwegen), Ironwood (USA) und Harrachov (Tschechien) Flugschanzen gebaut. Zur ersten Skiflug-Woche in Oberstdorf kamen 200 000 Menschen.
1964 wurde ein Springen von der Großschanze (120 Meter) ins Olympia-Programm aufgenommen. Acht Jahre später wurde die erste Skiflug-WM in Planica ausgetragen.

Erst 1983 wurde die heute übliche Unterscheidung zwischen Normalschanze (90 Meter), Großschanze (120 Meter) und Flugschanze (185 Meter) festgelegt.

Der deutsche Boom

Seit 1999 gibt es im deutschen Skisprung-Sport mit Sven Hannawald und Martin Schmitt fliegende Millionäre. Ihre Wegbereiter Jens Weißflog und Dieter Thoma erlangten zwar ähnlich viel Ruhm, aber verdienten bei weitem nicht die Summen oder bekamen Werbeverträge wie die neue Generation. Noch nie konnte in dieser Sportart so viel Geld verdient werden. Noch nie faszinierte diese Sportart so viele Menschen. Noch nie war diese Sportart für Sponsoren so interessant.
Für die kleinsten Zuschauer sind die springenden Stars real gewordene Supermänner. Weibliche Teenager kreischen vor Verliebtheit, Mütter wünschen sich diese zarten Kerle mit dem großen Mut als Schwiegersöhne, und die Männer fasziniert deren Risikobereitschaft und die Weitenjagd – wer knackt den Schanzenrekord? War

Jens Weißflog als ZDF-Experte. Auch der Doppel-Olympiasieger profitierte vom Skisprung-Boom, wechselte mühelos die Seiten. Er kennt alle Hintergründe und Personen des Skispringens, gibt den Zuschauern fundierte Hintergrundinformationen.

RTL
TELEVISION
PRÄSENTATION SKISPRINGEN
OLYMPIASTADION GARMISCH PARTENKIRCHEN
21. OKTOBER 1999
Audi
Milka

noch vor einigen Jahren lediglich die Vierschanzentournee ein TV-Ereignis, werden Skispringen seit dem Jahr 2000 gleich von drei deutschen Fernsehanstalten (ARD, RTL, ZDF) im Wechsel live übertragen. Das bringt Vorteile, wie zum Beispiel steigende Preisgelder. In der Saison 2000/2001 wurde für einen Sieg bis zu 50 000 Mark gezahlt. Dazu bekommen die Springer Prämien von ihren Sponsoren und vom Verband, die wiederum aus dem Topf der Fernsehgelder gezahlt werden. Der Deutsche Skiverband bekam 1999 vom Privat-Sender RTL die Rekordsumme von 46 Millionen Mark für die Übertragungsrechte auf drei Jahre gezahlt.

Nicht nur die TV-Anstalten, auch die Print-Medien berichten verstärkt vom Skispringen. Interviewanfragen, Fototermine und Pressekonferenzen gehören zum Alltag der Sportler wie das Training. „Wir verdienen zwar gutes Geld, für das wir sehr dankbar sind, aber wir sind auch ab der Saisonmitte urlaubsreif", sagte Skisprung-Bundestrainer Reinhard Heß nach der Vierschanzentournee 2001. Das Deutsche Team im Fokus der Presse – ein Phänomen, das kontrovers diskutiert wird. Bis 1999 sprachen die Skispringer noch von der „großen Familie" und den „Sportlern und Trainern zum Anfassen". Doch der Starkult um die Nationalmannschaft nach dem Mannschaftsgold bei der WM in Ramsau und der „Geburt von Martin Schmitt und Sven Hannawald" (Heß) erfordert besondere Maßnahmen. Neben den angenehmen materiellen und ehrenvollen, gibt es auch negative Begleiterscheinungen. So muss die deutsche Mannschaft seit der Saison 1999/2000 vor allem bei Veranstaltungen in Deutschland von Sicherheitsdiensten abgeschirmt werden. Auch die Mannschaftshotels wurden gewechselt. Früher waren sie für jeden Fan und alle Journalisten zugänglich. Heute müssen schon Recherchen angestellt werden, um die Unterkunft zu erfahren. Das macht jedoch Sinn. So standen in der Saison 1999/2000 bei der Vierschanzentournee in Bischofshofen die Fans im Zimmer der Springer. Bundestrainer Reinhard Heß: „Wir mussten die Privatsphäre schützen, weil es überhand genommen hat. Nicht jeder hatte Ver-

Gegenüber oben: Zum Jahrtausendwechsel kaufte RTL die Übertragungsrechte fürs Skispringen. Seitdem berichtet der Privatsender aus aufwändigen mobilen Fernsehstudios live von den Schanzen. Hier RTL-Moderator Florian König im Gespräch mit DSV-Funktionären.

unten: Das beliebteste Duo seit es Skispringen gibt: Olympiasieger Dieter Thoma mit TV-Moderator Günther Jauch. Viele Zuschauer sind angeblich nur wegen dieser beiden beim Skispringen dabei ...

Die Kehrseite des Starseins. Martin Schmitt kann sich an deutschen Schanzen nur schwer ohne Bodyguards bewegen. Die Fans wollen ihn alle anfassen. Während des Springens stört das die Konzentration.

ständnis, aber die Jungs müssen am nächsten Tag Leistung bringen. Das gelingt nicht, wenn zwanzig Leute durchs Zimmer marschieren.“

Gewöhnungsbedürftig war für die Skispringer auch die verstärkte Berichterstattung, die nicht immer positiv war. „Heute sind wir Überflieger, morgen schon Bleienten, Suppenhühner oder gar arrogante Stars“, weiß Martin Schmitt.

Bevor der Skisprung zur Lieblingssportart des Winters wurde, konnten sich die Athleten Auszeiten gönnen. Jetzt fordern Veranstalter, Medien und Fans das Auftreten der Stars bei jedem Springen. Das macht Absagen schwieriger. Fehlen die besten Deutschen, ist das für die Fans wie Fußball ohne den FC Bayern oder Formel 1 ohne die Schumacher-Brüder. Das Nationalteam lebt derzeit mit dem Anspruch, allen gerecht werden zu wollen, ohne die Leistung zu vernachlässigen. Das gelingt nicht

immer. Reinhard Heß: „Wir werden von Jahr zu Jahr professioneller.“ Der Verband befürchtet, dass nicht mehr die Sportart, sondern einige wenige Sportler im Vordergrund stehen und mit deren Karriereende auch der Skisprungboom abrupt endet.
Beispiele gibt es genug: Tennis nach Boris Becker, Michael Stich und Steffi Graf, Skifahren nach Markus Wasmeier und Katja Seizinger, Schwimmen ohne Franziska van Almsick ...

Begehrte Jungs. Die weibliche Fangemeinde für die fliegen den Sportler wächst jährlich. Einige, wie der Deutsche Frank Löffler, werden wie Popstars bejubelt.

Die Organisation des Skispringens

Ein Springer, der die Arme jubelnd hochreißt – sichtbare Freude. Bilder, die sich einprägen. Nicht sichtbar hingegen ist die Arbeit, die hinter jeder Leistung steht, und der Weg, der zum Erfolg führt. Allerdings sind es auch bei den Sportlern genau diese augenfälligen Emotionen, die die Sieger von morgen motivieren. Einmal fliegen wie Sven Hannawald oder umschwärmt werden wie das deutsche Nationalteam. Für viele Kinder ist genau das der Anreiz, diese Sportart zu erlernen. Da ist es gut, nicht gleich die harten Trainingsjahre zu erahnen.

Mit zehn Jahren kann es losgehen

Das gezielte Training fängt im Alter von zehn bis zwölf Jahren an. Mit talentierten und begeisterten Kindern wird mit dem Grundlagentraining gestartet (siehe S. 62). Im Vordergrund stehen immer Spiele, aber auch schon Sprünge von Kästen auf dem Trampolin. Um erste Eindrücke vom Fluggefühl zu bekommen, werden die Kinder mit Seilzügen in die Luft gezogen, dazu kommen im Winter Sprünge von Mini-Schanzen. Es wird so lange von einer Schanze gesprungen, bis sich die Kinder selbst auf die nächstgrößere trauen.
Mit 13 Jahren wird ein gezieltes Aufbautraining gestartet, mit 15 Jahren werden die Besten in Jugend-Kadern gefördert. In dieser Phase können Experten auch sehen, ob der Jugendliche tatsächlich gute Anlagen zum Skispringen entwickelt. Manchmal haben Kinder großes Talent, werden aber während der Pubertät zu schwer und zu muskulös. Wie bei jeder anderen Sportart gibt es auch beim Skispringen den Idealtypen, der ist primär schlank.

Bringt er alle Voraussetzungen mit und gelingt es einem Springer, kontinuierlich zu überzeugen, hat er Chancen, sich mit 18 Jahren für den A- oder B-Nationalkader zu empfehlen.

Vereine, Verbände, Fördersysteme

Ohne Vereinszugehörigkeit ist in der Regel an keiner Schanze ein Sprung möglich. Demnach ist der erste Schritt zum Skispringer die Anmeldung in einem Skiclub. Alle Skiclubs sind in einem Verband organisiert. In Deutschland ist es der Deutsche Skiverband (DSV), der wiederum Mitglied des Weltverbands FIS (Féderation International de Ski) ist.

Der Deutsche Skiverband vertritt 19 Landesverbände mit insgesamt 4400 Vereinen und 700 000 Mitgliedern (Stand Januar 2001). Während sich die nationalen Verbände hauptsächlich um den Breitensport kümmern, der Leistungssport also nur einen Teil der Verbandsstruktur einnimmt, regelt die FIS ausschließlich den Wettkampfsport.

Wurde ein Skispringer von einem Talentspäher oder durch einen Vereinsstrainer entdeckt, greift sofort das Fördersystem des Verbandes, das heißt, die Springer werden an Bundesstützpunkten von ausgebildeten Verbandstrainern betreut. Bundesstützpunkte sind auf bestimmte Sportarten ausgerichtete Trainingszentren. Schaffen die Sportler den Sprung in die Nationalmannschaft, haben sie die Möglichkeit, durch die Bundeswehr gefördert zu werden. Es gibt spezielle Sportfördergruppen, die den Springern (wie auch anderen Sportlern) eine Ausbildung bieten, ohne dass sie ihr Training einschränken müssen. Auf diese Weise unterstützt der Staat den Leistungssport im Amateurbereich. Viele fragen sich, was ein Verband von den Erfolgen der Sportler hat. Grundsätzlich sind Sportverbände staatlich unterstützte Institutionen, die von Steuergeldern abhängig sind. Je mehr Erfolge ein Verband vorweisen kann, desto großzügiger wird er vom Staat unterstützt. Und mit ein bisschen Glück weckt der Sport Interesse bei den Medien, wie es in den vergangenen Jahren im Skisport geschah. Dadurch können Fernsehrechte, Werbeverträge und Merchandisingartikel verkauft werden. Das sichert zunehmend finanzielle Unabhängigkeit. Die Einnahmen werden in die Nachwuchsarbeit in kleinere, ärmere Landessportverbände und in den Leistungssport investiert, z. B. in Form von Prämien, Trainingslagern, Ausrüstung und Trainerausbildung. Seit 1999 gilt das Skispringen als Aushängeschild des Deutschen Skiverbands.

Skispringer Andreas Bauer in Uniform. Mit ihren Sportfördergruppen unterstützt die Bundeswehr Leistungssportler, denen sie eine Ausbildung ermöglicht, die das Trainingsprogramm nicht einschränkt.

Frauen im Skispringen

Springer sollen leicht sein, schmal und nicht zu groß – da stellt sich die Frage, ob Frauen nicht bessere Skispringer wären. Sie erfüllen diese Voraussetzungen von Natur aus. Doch bislang haben die Wettkampfstrukturen und Fördersysteme, die auf das Kindertraining folgen, nur bei den männlichen Jugendlichen gegriffen. Und das, obwohl Frauenskispringen bei den Olympischen Winterspielen 1994 in Lillehammer Demonstrationssportart war. Zwar hat das Interesse auf Landesverband-Ebene zugenommen, aber international haben Skispringerinnen noch immer keine Anerkennung gefunden. Um der Sportart eine faire Chance zu geben, haben der DSV und die FIS Damenskisprung Ende der 90er Jahre in ihre Wettkampfordnung aufgenommen und so die Grundlagen für internationale Wettkämpfe geschaffen. Eine der wichtigsten Voraussetzungen, die durch die Aufnahme in die Wettkampfordnung gewährleistet ist: Die Teilnehmerinnen wären bei Wettkämpfen versichert. Jetzt liegt es an dem Interesse der Mädchen selbst, ob sie in diese Sportart einsteigen möchten. Organisiert sich eine entsprechende Zahl in Vereinen, werden die Verbände reagieren.

Auch die Frauen haben Spaß am Skispringen. Carla Kech (r.) und Eva Ganser gehören zu den besten Athletinnen. Bislang können sie das Publikum nur als Vorspringerinnen von ihrem Können überzeugen.

Die Ausrüstung

Obwohl der technische Anspruch der Disziplin Skispringen enorm hoch ist, ist die Ausrüstung über die Jahre hinweg übersichtlich geblieben. Das wichtigste, was die Springer zur Ausübung ihres Sports benötigen, ist im Folgenden aufgeführt.

Der Helm

Der Helm ist primär ein Sturzschutz. In den Anfängen des Skispringens wurde noch ohne Helm gesprungen. Doch er hat schon einigen das Leben gerettet oder sie

Der Finne Janne Ahonen steht auf auffällige Helme. Zusätzlich trägt er eine passende Gesichtsmaske, die mit zwei Elchen verziert ist. So kam er zu dem Spitznamen „Maskenmann".

vor schlimmen Kopfverletzungen bewahrt. Bei vielen Springern ist vor dem Sprung der Griff an den Helmverschluss zu beobachten. Erst wenn sie sich überzeugt haben, dass er tatsächlich geschlossen ist, fahren sie los. Martin Schmitts Helm ist rund, der von Sven Hannawald wölbt sich nach hinten. Der Finne Janne Ahonen trägt zusätzlich eine Gesichtsmaske.
Die Aerodynamik der Helme wird im Windkanal getestet. Dennoch gilt als oberste Devise: Die Springer müssen sich wohl fühlen.

Die Anzüge

Für Außenstehende unterscheiden sich die Anzüge der Springer nur in der Farbe. Auch wenn die Schneider und Designer immer wieder beteuern, dass sie keinen Einfluss auf Anlaufgeschwindigkeit oder Flugverhalten hat, so glauben Trainer und Athleten das Gegenteil. Sie behaupten, dass Schwarz in der Luft „langsam" sei, Orange und Silber hingegen „schnell" (Wolfgang Steiert, Co-Nationaltrainer). Die Entscheidung, welche Farbe der Anzug haben soll, wird individuell getroffen, jeder springt in seiner Lieblingsfarbe. So sind einige Nationalteams tatsächlich „ein bunter Haufen". Die Farbwahl ist auch eine Frage des Aberglaubens. Wurde ein Springen gut abgeschlossen, wird sehr lange an dem Kleidungsstück bzw. der Farbe festgehalten. Sehr häufig orientieren sich die Springer auch an den Anzügen der Besten. Zuletzt waren das die Deutschen. Der Großteil des Nationalteams trug 1998/99 orange Anzüge, eine Saison später silberne, bei der Weltmeisterschaft im finnischen Lahti flogen einige in Blau.
Vor und während einer Saison werden immer wieder neue Farben getestet. Während die Wirkung der Farbe also gewissermaßen umstritten ist, besteht bei der Beschaffenheit des Stoffes mehr Einigkeit: Man unterscheidet glatte Stoffe, die vorwiegend für das Vorderteil verwendet werden, und raue Stoffe, aus denen die Rückseite genäht wird. Zur Erklärung: Ein Skispringer ver-

sucht bei jedem Sprung so viel Anfahrtsgeschwindigkeit wie möglich mit in den Flug zu nehmen. Deshalb darf das Anzugmaterial nicht zu sehr „bremsen“.

Jeder springt in seiner Lieblingsfarbe.

Je rauer ein Stoff ist, desto mehr Geschwindigkeit reduzierende Luftverwirbelungen können am Körper auftreten. Je glatter der Stoff, desto weniger Luftverwirbelungen treten auf. Diese Wirbel sind nicht ausschließlich negativ. Sie geben dem Springer die Möglichkeit, die Luft zu spüren, und sind „Gefühl und Flug fördernd". Ähnliche Beschreibungen sind aus dem Schwimmsport bekannt – Schwimmer reden von Wassergefühl, Springer vom Luftgefühl. Mit der Aufteilung vorne glatt, hinten rau, versuchen die Anzugschneider, ein Gleichgewicht herzustellen.

Es gibt zwei Firmen, die Springeranzüge maßschneidern: der deutsche Familienbetrieb Meininger mit Sitz im bayerischen Bessenbach und die japanische Firma Descente.

Sie müssen nicht nur auf die Stoffbeschaffenheit achten, sondern sich auch nach dem Reglement für Anzüge richten. Der Weltverband FIS macht klare Vorgaben, die vor allem dem Zweck dienen, den Segeleffekt einzuschränken. Damit die Springer nicht wie Drachen durch die Luft fliegen, müssen die Anzüge eine gewisse Luftdurchlässigkeit vorweisen (40 Kubikliter Luft pro Quadratzentimeter). Außerdem darf der Stoff nicht zu dick sein. Je dicker das Material, desto steifer wird der Anzug, desto mehr trägt er den Springer. Auch die Größe spielt ein Rolle. Er darf nicht so weit sein, dass er sich zu Flügeln ausbreiten kann.

Während eines Wettkampfs werden diese Parameter sporadisch kontrolliert. Der Springer wird dazu mit und ohne Anzug an sechs Körperpunkten vermessen (siehe Grafik S.32).

Trotz solcher Maßnahmen bleibt Spielraum für Experimente. Die Schneider sind das ganze Jahr über im Einsatz. Weltklasse-Springer tragen pro Saison zwischen drei und fünf Anzüge, die sich in Stoff und Farbe unterscheiden.

Ein Anzug wärmt kaum, zumal die Springer darunter nur einen Rolli und Radlerhosen tragen. Weltmeister Dieter Thoma sagte immer: „Er muss sich gut in der Luft anfühlen. Der Rest ist egal."

An Brust, Oberschenkeln, Achseln und Armen beträgt die Toleranz zwischen Körper und Anzug acht Zentimeter, an Taille und Torso darf sie zehn Zentimeter nicht überschreiten.

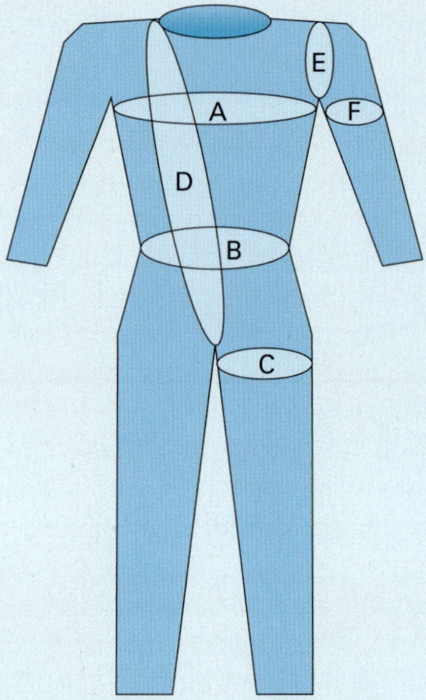

Anzuggröße = Reale Körpermasse plus Toleranz

A bis F:	Stadardisierte Messpunkte
A, C, E, F:	+ 8 cm
B, D:	+ 10 cm

Die Ski

Der Ski wird während einer Saison zur „launischen Geliebten“ der Springer. Mancher von ihnen, wie der Österreicher Andreas Goldberger, gab seinen Brettern immer neue Mädchennamen. Sven Hannawald dankte nach seinem Weltmeister-Titel bei der Skiflug-WM in Vikersund seiner „großen Liebe“. Und so behandeln die Springer ihre Ski auch. Sie pflegen sie, bewachen sie und plaudern nicht über deren Innenleben. Jeder Athlet hütet das kleine Geheimnis um seine Latten. Selbst die Skifirmen geben nur sparsame Auskünfte über die Konstruktion des Skis. Das Grundmaterial ist Holz, und der gesamte Ski besteht in der Regel aus acht Einzelkomponenten: Sohle, zwei Seitenleisten, Kunststoffspitze, vorderer und hinterer Holzteil, mittlerer Wabenteil und obere Kunststoffschicht.

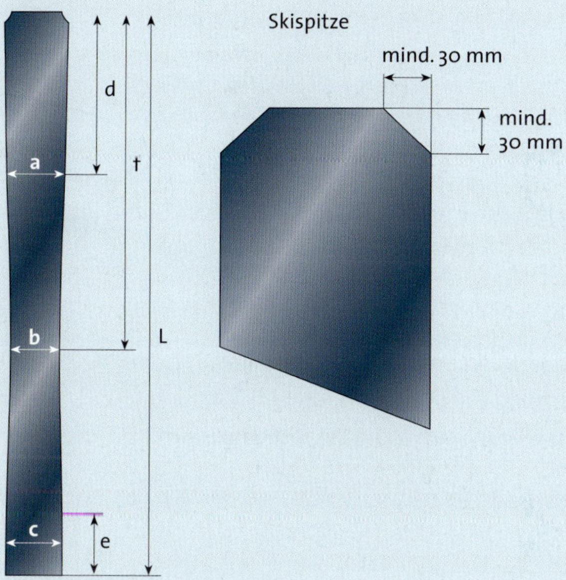

L – Skilänge
a – max. Breite vorne = 115 mm
b – max. Breite in der Mitte = 105 mm
c – max. Breite hinten = 115 mm
d – max. Länge zwischen Skispitze und Beginn der Taillierung = 300 mm
e – max. Länge zwischen Skiende und Beginn der Taillierung = 150 mm
f – Kontrollmaß für b = 57 % der Skilänge

Die bisherige Begrenzung der Skilänge auf maximal 270 Zentimeter wurde aufgehoben. Die aktuelle Vorgabe des Weltverbands FIS für Sprungski lautet: Die Skilänge darf nicht mehr als 146% der Körperlänge des Springers betragen. Dadurch sind größere Springer nicht mehr benachteiligt. Von der Skispitze aus gemessen muss die Schuhspitze spätestens nach 57% der Gesamtlänge auf dem Ski aufliegen.
Die maximale Breite der Skispitze und des Endes beträgt 11,5 Zentimeter, wobei dieses Maß nur über eine Länge von 45 Zentimetern ausgenutzt werden darf. Die Breite der Skimitte ist auf 10,5 Zentimeter reglementiert. Heißt: Der Ski muss tailliert sein. Auch die Skispitze, die seit der Saison 1999/2000 keiner Spitze, sondern einem Rechteck glich, wurde ein Jahr später wieder zugespitzt – an beiden Seiten wurde sie um drei Zentimeter gekappt. Mehr Skifläche ist gleichbedeutend mit mehr Auftrieb und somit mehr Weite.
Das aktuelle Reglement ist eine Antwort auf einen in der Saison 1999/2000 entstandenen „Wunderski". Die deutschen Trainer hatten gemeinsam mit der Firma Fischer einen Ski entwickelt, der von der Silhouette einem Snowboard glich. Ein Modell, das guten Gleitern wie Sven Hannawald und dem Österreicher Andreas Goldberger entgegenkam. Mit diesen Brettern wurde Sven Hannawald in Vikers (Norwegen) Skiflug-Weltmeister. In der darauf folgenden Saison wurde dieses Modell nicht mehr zugelassen, Begründung: Die athletischen Springer werden benachteiligt. Der Ski begünstigt einen Trend: je leichter, desto weiter (siehe S. 72).

Das Wachs

Eine Springer-Regel besagt: Ein Stundenkilometer schneller im Anlauf bringt bei optimalen Bedingungen und Flugverhalten acht bis zehn Weitenmeter auf der Aufsprungbahn.

Warum ist der Ski der Konkurrenz schneller als der eigene? Magie, Hexerei? Um einen Ski gleitfähig zu machen, wird die Unterseite gewachst. Der Mythos um das schnellste Wachs ist eine Wissenschaft für sich. Jedes Team hat seinen eigenen Wachs-Meister. Ein Fachmann, der seine Tuben, Töpfe und Taschen mit Spezialpräparaten hütet wie einen Schatz. Für jedes Wetter, für jede Temperatur und jeden Schnee gibt es ein kleines Geheimnis. Manche Erkenntnis wurde im Labor gewonnen, manche hat der Zufall ans Tageslicht gebracht.

Basis-Behandlung

1. *Belag reinigen*
2. *mit einer scharfen Klinge feine Belagshärchen entfernen*
3. *Belag mit Pads leicht aufrauhen*
4. *Wachspräparat mit einem Spezialbügeleisen einbügeln, wird bis zu dreimal wiederholt*
5. *nach dem letzten Vorgang das Wachs erkalten lassen, dann wieder mit einer Klinge abziehen*
6. *Belag mit einer Bronzebürste gut ausbürsten*
7. *mit einem weichen Tuch polieren*

Anders als bei anderen Ski (Langlauf, Alpin, Snowboard) ist das Wachs für den Sprungski nur einer relativ kurzen Belastung (Anlauf) ausgesetzt. In diesen Sekunden muss es optimale Ergebnisse liefern, nämlich maximale Geschwindigkeit.

Der Servicemann muss ein ausgeprägtes Gespür für Schnee haben. Er muss Temperatur, Luftfeuchtigkeit, Alter und Kristallstruktur des Schnees einschätzen können. Außerdem muss er die Chemikalien, die häufig benutzt werden, um die Anlaufspur härter oder auch weicher zu machen, und deren Wirkung auf die Anlaufgeschwindigkeit kennen. Erst wenn er das alles analysiert hat, kann er das Wachs auswählen. Mixt er die falschen Präparate zusammen, kann es im Extrem-

fall passieren, dass der Schnee am Ski kleben bleibt und diesen bremst. So muss bei nassem Schnee ein wasserabweisendes Wachs gewählt werden. Im Umkehrfall, bei stark vereister Spur, ein Präparat, das den Skibelag etwas weicher macht, so dass der Ski nicht die Bodenhaftung verliert.
Früher sah das Wachs aus wie ein großes Seifenstück. Es wurde erhitzt und auf die Unterseite des Skis geträufelt. Heute ähnelt es den kleinen Perlen eines Waschmittels.

Der deutsche Servicemann Peter Lange ist der Herr des Wachses. Er muss für jedes Wetter, jede Temperatur und jeden Schnee die richtige Lösung finden.

Die Bindung

Die Bindung funktioniert ähnlich wie eine Langlaufbindung. Heißt: Der Vorderfuß ist fest mit dem Ski verbunden, die Ferse hat Spielraum. Aber während der Langläufer die Ferse so weit nach vorne oben ziehen kann, wie er will, muss dieser Winkel beim Skispringer grob fixiert werden, damit es nicht zu un-

kontrolliertem Pendeln der Ski kommt, was zum Sturz führen würde. Dies geschieht durch ein Band (Leine), dessen Länge von jedem Springer individuell eingestellt werden kann.
Mehr oder weniger Leine kann Wunder bewirken. Viel Leine bedeutet mehr Spielraum – der Springer hat mehr Möglichkeiten, den Winkel zwischen Ski und Unterschenkel zu verändern. Bei Rückenwind wird das Band meist lang gelassen. Weil der, im Gegensatz zum Gegenwind, die Springer schneller auf den Boden drückt und so die Flugphase verkürzt, versuchen erfahrene Athleten sich mit geschickten „Winkelzügen" länger durch die Luft zu balancieren. Eine Fähigkeit, die Weltklasse-Springer von anderen unterscheidet.
Bei Gegenwind wird die Leine fester gezurrt, so können die Springer ruhiger auf dem Luftpolster ins Tal gleiten. Auch unterschiedliche Schanzen erfordern eine Variation des Seilzugs. Dabei spielt der Radius der Schanze die entscheidende Rolle. Dazu muss man sich die

Die Springstiefel werden mit der Schuhspitze in die Bindung eingeklickt und an der Ferse mit dem Bändchen am Ski befestigt. Auch die Hose wird mit Gummibändern straff gezogen, damit sie nicht hochrutscht.

Schanzen wie eine Wasserrutsche vorstellen (siehe S. 40). Auf einer Rutsche, die zum Ende sanft in den Absprung übergeht, fliegt man in einem weiten Bogen ins Wasser (weiter Radius). Auf einer, die steil runtergeht und am Ende nur ein kurzes Stück bis zum Ende bietet, drückt es einen erst auf die Rutsche (Zentripetalkraft), dann katapultiert es einen nach oben (enger Radius). Nur erfahrene Springer beherrschen ihre Ski so sicher, dass sie auch bei einem engen Radius mit langen Bändchen springen können. Denn die Gefahr dabei ist, dass die Pendelbewegung des Skis durch die Katapultwirkung so stark ausfällt, dass die Springer diese nicht mehr unter Kontrolle bringen.

Die Schuhe

Im Allgemeinen ist der Schuh knöchelhoch und sollte fest, aber nicht starr wie ein Ski- oder Snowboardschuh sein. Er ähnelt in der Vorderfuß-Flexibilität einem Langlaufschuh. Der optimale Verlauf der Flugphase ist auch von einer sensiblen Fuß-Ski-Koordination abhängig (siehe Bindung).

„Bei den Schuhen ist die Entwicklung stehen geblieben", klagte Martin Schmitt in der Saison 2000/2001. Er selbst trug lange Zeit ein altes Ledermodell, das er mit Pflastern und Klebebändern zusammengeflickt hatte, weil dieser Schuh nicht mehr hergestellt wurde. Sind Verbesserungsmöglichkeiten im Bereich Ski und Anzüge fast ausgereizt, bietet der Schuh noch Entwicklungspotenzial. Ein Schwarzwälder Schuhmacher hat sich der Sache angenommen. Mit einer genauen Analyse des Sprungstils versucht er, auf die individuellen Bedürfnisse der Springer einzugehen. Kommt ein Springer zum Beispiel mit einem Ski schneller in die V-Position als mit dem anderen, kann es an einer O- oder X-Bein-Stellung oder auch an einer Beinverkürzung liegen. Durch Keile, Erhöhungen oder Aussparungen im Schuh können solche anatomischen Fehlstellungen korrigiert werden. Auch die Beschaffenheit des Schafts ist verbesserungsfähig. Je flexibler dieser ist, desto freier kann der Fußknöchel bewegt werden. Die Springer können Winkel noch feiner und genauer justieren.

Die Schanzen

„Vor der Schanze habe ich Respekt.“ „Das ist ein alter Dreckshobel.“ „Eine Neu-Schanze.“ Schanzen-Beschreibungen von Springern. Mit Dreckshobel sind uralte Schanzen gemeint, z. B. die Große Olympiaschanze in Garmisch-Partenkirchen, die schon 1933 gebaut wurde. Manche Springer lieben diese traditionellen Bauten, andere hassen sie. Sie „fliegen“ eher auf „Neu-Schanzen“, hochmoderne Bauten.

Vom „Alten Bock“ zur modernen Schanze

Generell hat jede Schanze ihre eigene Charakteristik. Einige sind in den Berg gezimmerte Natur-Schanzen, andere ragen Schwindel erregend in den Himmel, wie die frei stehende Flugschanze in Oberstdorf. Sie wurde von den Springern ehrfürchtig „Finger Gottes“ getauft. Auch jeder Springer hat seine Vorlieben, gemeinsam ist ihnen allen die innere Aufregung vor dem ersten Sprung.

Sie wissen, jede Schanze springt sich anders, jede stellt in jedem Wettkampf neue technische, physische und psychische Anforderungen. Wie wirkt der Wind heute, von woher weht er, wie stark ist er? Wie ist die Anlaufspur präpariert? Welche Bindungseinstellung passt am besten? Wie wird die Flugkurve aussehen? Fragen, mit denen sich die Springer vor jedem Sprung beschäftigen und die sie mit jeder Wetter- und Anlaufänderung neu beantworten müssen.

Einen besonderen Kick bringt der erste Sprung auf einer unbekannten Schanze. Der ehemalige deutsche Nationalmanschafts-Springer Marc Nölke beschrieb es folgendermaßen: „Auf einer neuen Schanze zu springen, ist wie der erste Sex mit einem neuen Partner. Es kann der absolute Wahnsinn werden oder ein totaler Reinfall."

Die heutige Springer-Generation hat in der Mehrheit die „alten Dreckshobel" satt. Martin Schmitt zog sich nach der Vierschanzentournee 2000/2001 den Groll der Veranstalter zu, als er maulte: „Einige Schanzen sollte man für immer sperren." Die oftmals sehr engen Anlaufradien (siehe S. 38) lassen sich mit den modernen Ski nur noch sehr schwer springen. Durch sie werden die Springer nach der steilen Anfahrt in eine Mulde gepresst, um anschließend wie von einem Katapult in die Luft geschleudert zu werden. Modernes Material ist jedoch eher auf solche Schanzen ausgerichtet, die eine sanftere Annäherung zum Schanzentisch bieten und somit einen gleitenden Übergang, einen kontrollierteren Flug und größere Weiten ermöglichen.

Auf den teilweise bereits historisch zu nennenden Bauten ist eine moderne Wettkampfführung und professionelle Arbeit kaum noch möglich. Die Diskrepanz wird immer deutlicher und gehört zu den Problemen des modernen Skispringens.

Häufig fehlen hygienische Einrichtungen und ein Aufzug, der die Springer auf die Schanze fährt. Um heute mögliche Weiten zu springen, werden viele alte Schanzen nachgerüstet und ausgebaggert. Aber obwohl jede Veränderung vom Weltverband FIS oder deren Subkomitee abgenommen wird, kann aus einer alten Schanze keine neue werden. Es bleibt immer Patchwork – mit Nostalgiecharakter.

Eine sommerliche Variante des Skispringens ist das Mattenspringen. Die bekannteste Mattenschanze steht in Hinterzarten im Schwarzwald. Für diese Bauten gelten ebenfalls eigene Vorschriften, vor allem für die Anforderungen an den Unterbau im Anlauf, Aufsprungbahn und Auslauf. Sie werden jährlich den neuesten Entwicklungen angepasst. Die Anfahrtsspur ist aus Keramik und wird durch ständige Bewässerung gleitfähig gehalten.

ORF
ORF
ORF

Die moderne Große Mühlenkopfschanze in Willingen. Sie wurde im Februar 2001 eingeweiht.

links: die Bergisl-Schanze in Innsbruck. Sie wurde Anfang 2001 gesprengt. Der Grund: zu alt und die Sicherheitsvorkehrungen entsprachen nicht mehr den Vorschriften.

Genormte „Lieblingsschanzen"

Die Anforderungen an eine Schanze sind durch die IWO, die Internationale Skiwettkampfordnung, festgelegt. Dennoch gibt es einen Spielraum innerhalb der vorgegebenen Maße, der dafür sorgt, dass jede Schanze ihre eigene Charakteristik hat. Jeder Springer hat eine Lieblingsschanze, von der er glaubt, dass er sie beherrscht und nicht umgekehrt – die Liebe hält allerdings nur so lange, wie Erfolge gefeiert werden.
Die Schanzen unterscheiden sich hauptsächlich in der Neigung des Anlaufs voneinander – manche sind steiler, manche gemäßigter. Für jeden Normalsterblichen ist der Anblick Furcht erregend. Steht man oben auf der Schanze, wirken Menschen kleiner als Ameisen, der Wind weht einem ungeschützt ins Gesicht, und bei

einigen Schanzen sehen die Springer durch die Neigung nicht mal den Teil des Bodens, auf dem sie landen wollen.

Skispringen im Sommer – wie hier beim Sommer Grand Prix in Hinterzarten. Die Fans winken in T-Shirts. Die Landschaft ist grün statt weiß. Das Thermometer zeigt schon mal 30 Grad Celsius.

Alles dreht sich um den K-Punkt

Wer ein Skispringen gesehen hat, hat bestimmt schon vom K-Punkt gehört. Nach ihm werden die Schanzen in Kategorien eingeteilt.
Das K steht für „Konstruktion“. Jede Schanze ist auf eine bestimmte Weite, die die Springer erreichen können, ausgerichtet und danach konstruiert worden. Deshalb ist der K-Punkt das entscheidende Maß; die Schanzengröße richtet sich nicht nach der Höhe des Schanzen-

turms, sondern nach dem K-Punkt. Eine Schanze, auf der mindestens 120 Meter gesprungen werden kann, wird eine K 120-Schanze genannt.

Bei kleinen Schanzen liegt der K-Punkt zwischen 20 und 45 Metern, bei mittleren zwischen 50 und 70 Metern, bei normalen zwischen 70 und 95 Metern, bei Großschanzen zwischen 100 und 120 Metern und bei Flugschanzen zwischen 145 und 185 Metern. Olympische Spiele finden ausschließlich auf Normal-(meist K 90-Schanzen) und Großschanzen (K 120-Schanzen) statt, Skifliegen nur auf Flugschanzen.

Der K-Punkt ist auch maßgebend bei der Berechnung der Punkte, welche der Springer nach dem Sprung erhält. Landet der Athlet auf dem K-Punkt (z.B. bei einer K 80-Schanze bei 80 Metern), bekommt er 60 Weitenpunkte. Springt er weiter, werden zwischen 1,2 und 4,8 Punkte pro Meter dazuaddiert oder auch abgezogen, falls er den K-Punkt nicht erreicht (siehe auch S. 79).

Der Schanzenturm

Der Schanzenturm ist das Erkennungszeichen einer Schanze. Heute haben zumindest die Weltcup-Schanzen Aufzüge, die die Springer auf die Plattform des Turms bringen, früher mussten sie die Treppe hinaufsteigen. Oben angekommen gibt es in modernen Bauten einen gewärmten Aufenthaltsraum. Bei älteren Modellen findet sich manchmal nicht mehr als ein Bretterverschlag, so wie auf den WM-Schanzen in Lahti (Finnland). Die Springer mussten dort bei minus 40 Grad Celsius auf ihren Sprung warten und kamen teilweise mit blauen Lippen im Ziel an.
Wird die Startnummer der Springer aufgerufen, müssen sie an der Startluke bereitstehen. Klingt nach High-Tech, ist es aber nicht. Der Begriff „Luke“ stammt aus den Anfängen des Skispringens, als es noch keinen Balken gab, auf dem die Springer heute üblicherweise

sitzen und auf das Startzeichen des Trainers warten. Damals sprangen die Athleten von der Seite der Schanze über Luken in die Bahn. Damals wie heute gab es verschiedene Anlaufvarianten – teilweise sind es mehr als zwanzig –, um, den Bedingungen angepasst, die Schanze optimal ausspringen zu können. Heute befinden sich an der Schanzenseite Kerben, dort werden die Balken eingeschoben. Das Gefühl, wenn man auf diesem Balken sitzt, ist nur vergleichbar mit dem Gefühl in der Achterbahn, wenn der Wagen zum höchsten Punkt gezogen wurde und kurz davor steht, in die Tiefe zu rasen.

Anlaufbahn und Schanzentisch

Von der Ferne oder am Fernseher sehen die Schanzen immer perfekt präpariert aus. Alles ist weiß, alles wirkt glatt. Doch es kommt vor, dass Fehler in der Spur auftauchen, z. B. Wellen oder ein ausgebrochenes Ende am Schanzentisch, was einen unkontrollierten Absprung verursachen kann. In so einem Fall beschweren sich Springer und Trainer sofort bei der Wettkampfleitung, denn der Veranstalter ist angehalten, Anlaufbahn und Schanzentisch normgerecht herzurichten, jedem Springer gleiche Bedingungen zu ermöglichen. Die Wettkampfordnung legt Folgendes fest: Der Abstand zwischen den beiden Spur-Mittelachsen muss zwischen 30 und 33 Zentimetern liegen, die Spurbreite ist auf 13 bis 13,5 Zentimeter reglementiert, die Spurtiefe auf 2 Zentimeter.

Gegenüber: ein Schwindel erregender Anblick. Martin Schmitt auf der Skiflugschanze in Oberstdorf. Gerade hat er sich abgestoßen, fährt in der Spur auf den Schanzentisch zu.

Aufsprungbahn und Auslauf

Oft kommt es vor, dass die Natur grünt und die Schanze das einzige (kunst)schneebedeckte Objekt ist. Auch für so einen Fall ist festgelegt, wie tief (mindestens 30 Zentimeter) und dicht der Schnee sein muss. Um ihn zu festigen, dürfen chemische Mittel benutzt werden.

63
Oberstdorf
ROSSIGNOL

Das erste Mal wurden solche Maßnahmen 1934 in Planica (Slowenien) getestet, damals verwendete man eine Mischung aus Salz und Salmiak.

Markierungen der Aufsprungbahn

Ein echter Zuschauerspaß beim Skispringen ist das Weitenraten. Bei der Vierschanzentournee, dem Springen mit der höchsten Zuschaueranzahl, sitzen ganze Familien mit Stift und Zettel vorm TV und führen Listen. Um Ratesieger bzw. Experte zu werden, muss man natürlich alle wichtigen Markierungen kennen.
Die auffälligste Linie ist die Jury-Weite. Sie ist mit Reisig gekennzeichnet und an beiden Seiten zusätzlich rot eingefärbt. Sie liegt zwischen dem K-Punkt und dem Schanzenrekord.

Weil sich die Schanzen durch Ver- und Ausbesserungen oft verändern, wird die Jury-Weite jährlich neu errechnet. Sie dient der Jury, um die Anlauflänge festzulegen, daher auch der Name.

Bei offiziellen Wettkämpfen kennzeichnet ein rotes Band die Strecke vom K-Punkt bis zur Jury-Weite. Landet ein Springer in diesem Bereich, bekommt er immer 60 oder mehr Punkte. Ein grünes Band wird von der Sturzgrenze (s. u.) bis zur Jury-Weite gelegt – in diesem Bereich liegt der Schanzenrekord.
Außerdem werden alle fünf Meter Querlinien gezogen. Sie markieren immer ein Vielfaches von fünf Metern (70 Meter, 75 Meter, 80 Meter etc.).
Die letzte Markierung ist die Sturzgrenze. Diese müssen die Springer in einwandfreier Haltung passieren, um hohe Haltungsnoten zu erhalten (siehe S. 79). Sie wird von der Jury bei jedem Wettkampf neu festgelegt und ebenso wie die Jury-Weite mit Ästen markiert. Sie liegt etwa fünf Meter hinter dem Übergang von Landebereich und Auslauf.

Martin Schmitt bei der Landung. Hier hat er den K-Punkt (durchgezogene Markierung) übersprungen, landet ca. fünf Meter vor der Jury-Weite (vordere Linie).

Alles wird gemessen ...

Skispringen ist auch ein Sport der Tüftler, Konstrukteure und Mathematiker. Keine andere Sportart ist derart von Formeln, Winkeln, Schwerpunkten und Messeinrichtungen bestimmt.

Es beginnt bei den Schanzendaten. Sie müssen der FIS auf Anfrage lückenlos zur Verfügung gestellt werden, die bei Bedarf auch alles nachmessen kann. Denn Wettkämpfe der FIS können nur auf von ihr genehmigten Schanzen durchgeführt werden und müssen ein entsprechendes Zertifikat vorweisen. Das wiederum wird von einem Subkomitee für Sprungschanzen erstellt.

An allen Schanzen müssen Parameter wie Wind- und Anfahrtsgeschwindigkeit, Temperaturen und mehr jederzeit messbar sein. Bei FIS-Wettkämpfen ist das Ermitteln sogar im Training Pflicht.

Die Anfahrtsgeschwindigkeit wird auf einer Länge von acht Metern bestimmt. Die Windgeschwindigkeit wird meist an drei Stellen ermittelt, eine davon muss auch die Windrichtung anzeigen. Die Windgeschwindigkeit wird in m/sec gemessen. Bei Wettkämpfen wird kein Mittelmaß der Windgeschwindigkeit errechnet, sondern es wird vor jedem Sprung erneut auf den Wind geachtet. Das macht Sinn, denn es könnte sonst passieren, dass ein Springer von einer Windböe gefährlich durcheinander gewirbelt wird, obwohl der vorherige Springer bei Windstille wie ein Sack auf die Aufsprungbahn geplumpst ist oder, bei optimalen Bedingungen, noch vor wenigen Momenten einen weiten Sprung hingelegt hat.

Das Wettkampfkomitee ist bemüht, jedem Springer ähnliche Bedingungen zu bieten. Manchmal muss ein Springen zwischen Windböen durchgezogen werden. Die Springer sprechen in einem solchen Fall von Wind- oder Zeitfenstern, in denen sie sicher springen können. Damit die Springer wissen, wann sie springen können, regelt eine Ampelanlage den Startvorgang. Die Springer haben 15 Sekunden Zeit, um sich abzustoßen. Die ersten fünf Sekunden erscheint ein grünes Dauerlicht, die folgenden zehn Sekunden blinkt es im Sekundentakt. Nach Ablauf der Zeit oder bei gefährlichen Bedingungen schaltet die Ampel auf Rot.

Auch verschiedene Winkel, wie die Neigung des Schanzentisches sowie Längen (Auslauf), Schnee- und Lufttemperatur müssen durchweg überprüfbar sein. Das notwendige Equipment, wie Thermometer, Winkelmesser, Wasserwaage sowie ein 50-Maßband halten die Veranstalter bereit.

Weitenjagd auf den Flugschanzen

Damit auf den Flugschanzen extreme Weiten erreicht werden können, wird die Aufsprungbahn großzügiger gebaut als bei den Sprungschanzen. Der Hang läuft sanfter und flacher aus.

Die Flugschanze unterscheidet sich aber auch durch die Höhendifferenz zwischen Schanzentisch und tiefstem Punkt von der Sprungschanze – das Maximum

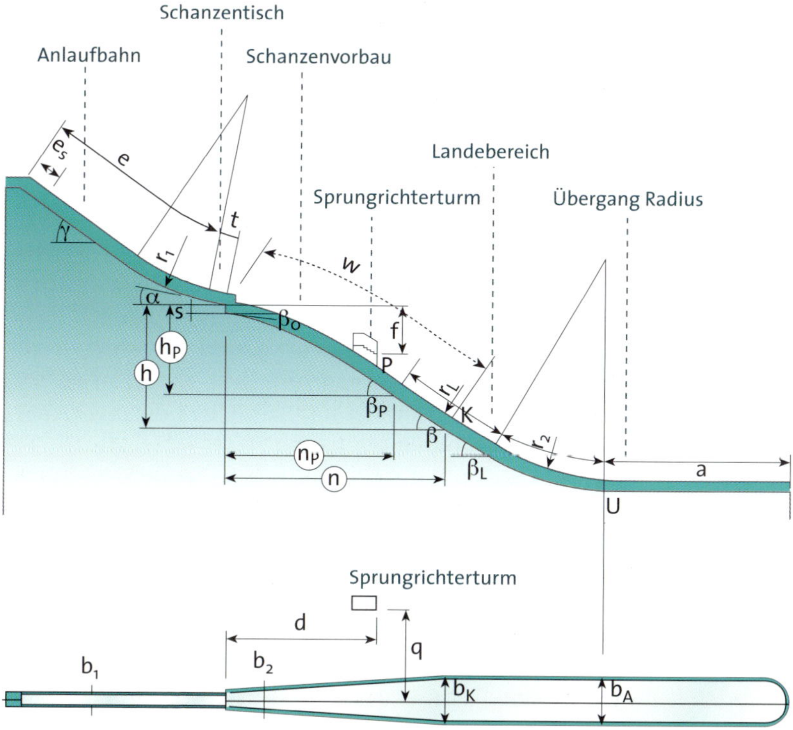

- e Länge der Anlaufbahn vom obersten Startplatz bis zum Beginn des Schanzentisches
- e_s Bereich der Startplätze
- t Länge des Schanzentisches
- γ Neigung des geradlinigen Teils der Anlaufbahn
- α Neigung des Schanzentisches
- f_1 Radius des Übergangsbogens von der Anlaufbahn zum Schanzentisch
- s Höhe des Schanzentisches
- P Beginn des Landebereichs
- K Konstruktionspunkt
- L Ende des Landebereichs
- U Ende des Übergangsbogens zum Auslauf
- w Nominelle Größe der Schanze als Distanz zwischen Schanzentischkante und Konstruktionspunkt K
- h Höhendifferenz zwischen Schanzentischkante und K
- n Horizontaldistanz zwischen Schanzentischkante und K
- h_P Höhendifferenz zwischen Schanzentischkante und P
- n_P Horizontaldistanz zwischen Schanzentischkante und P
- a Länge des Auslaufs
- β_0 Neigung der Tangente des Vorbauprofils am Schanzentischfuß
- β_P Neigung der Tangente bei P
- β Neigung der Tangente bei K
- β_L Neigung der Tangente bei L
- f_L Radius des Landebereichs
- r_2 Radius des Bogens von L bis U
- b_1 Präparierte Breite der Anlaufbahn
- b_2 Breite des Vorbaus am Schanzentischfuß
- b_K Breite bei K
- b_A Breite am Ende des Übergangsbogens zum Auslauf
- d Horizontaldistanz zwischen Schanzentischkante und Mitte der untersten Sprungrichterkabine
- q Horizontaldistanz zwischen der Sprungrichterturm-Vorderfront und der Schanzenachse
- f Höhendifferenz zwischen Schanzentischkante u. Fußboden der untersten Sprungrichterkabine

Die Skiflugschanze in Harrachov wirkt furchteinflößend

bei einer Flugschanze beträgt 130 Meter (Planica und Oberstdorf). Da jeder Wettkampf-Ausrichter seine Schanze gerne mit einem Weltrekord schmücken möchte, kam es in den vergangenen Jahren zu abenteuerlichen Ausbaggerungen. Der Auslauf wurde häufig tiefer gelegt, sodass der Springer länger fliegen muss, um Boden unter die Ski zu bekommen. Das kann gefährlich werden: Nachträgliche Veränderungen stören die Ausgewogenheit der Schanze, die auf einen bestimmten K-Punkt ausgerichtet gebaut wurde. Deshalb behält sich die FIS vor, durch das Subkomitee alle Baumaßnahmen nachzuprüfen und gegebenenfalls eine Schanze auch zu sperren. Laut Experten ist mit Weiten um 220 Metern das Limit der derzeit bestehenden Flugschanzen ausgereizt.

Es gibt nur sechs Skiflugschanzen auf der Welt: die Heini-Klopfer-Schanze in Oberstdorf, den „Kulm" in Bad Mitterndorf (Österreich), die Weltrekord-Schanze in Planica (Slowenien) und drei weitere in Vikersund (Norwegen), Harrachov (Tschechien) und Iron Wood (USA).

Um größere Weiten zu ermöglichen, ohne die Springer zu gefährden, wäre der Bau neuer Schanzen und somit auch eine Veränderung der bestehenden Regularien erforderlich. Diese Problematik wird seit Jahren kontrovers diskutiert. Wie weit kann ein Mensch fliegen? Welche Verantwortung hat der Weltverband bei der Weitenjagd, darf er Neubauten unterstützen, soll er sie verbieten? Bei welchen Weiten wird das Risiko zu groß? Diese Diskussion wird die Szene noch über Jahre beschäftigen.

Die Skisprungpraxis

Skispringen ist eine Sportart, die von Mut und Risikobereitschaft geprägt ist. Um die nötige Sicherheit für das Ausüben dieser Sportart zu bekommen, ist dauerhaftes Üben Voraussetzung. Im besten Fall hat ein Springer schon als Kind mit dieser Disziplin begonnen. Aus diesem Grund gilt Skispringen auch als reine Wettkampfsportart und ist als Breitensport ungeeignet. Mal eben so über die Schanze hüpfen ist einfach nicht möglich.

Skispringer – die ewig Suchenden

Am Anfang steht die Suche nach der optimalen persönlichen Technik. Springer und Trainer orientieren sich dabei an einem Leitbild, das Biomechaniker anhand von Videoaufzeichnungen erstellt haben. Es zeigt den optimalen Bewegungsablauf vom Anlauf über den Absprung, Flug bis zur Landung.
Ist auch das Material gefunden, das den Stil des Springers am besten ergänzt, geht die Mission weiter. Die Springer gehen nun auf die Suche nach dem perfekten Sprung. Der gelingt selten, aber alleine die Annäherung nährt das Verlangen, es wieder zu versuchen.
Die Springer speichern alle Sprünge, auch die misslungenen, mit Bewegungsmuster und Fluggefühl ab. Mit diesen Informationen füttern sie ihren Erfahrungsschatz, den sie vor und nach jedem weiteren Versuch abrufen. Je präziser sie ihre Fehler analysieren können, desto schneller sind sie in der Lage, Abweichungen vom Leitbild zu korrigieren. So entstehen in ihren Köpfen unzählige Sprungbilder, die stark an physische und psychische Eindrücke gekoppelt sind. Dennoch endet diese Suche niemals. Durch neue Entwicklungen beim Mate-

rial, Schanzenumbauten oder auch körperliche Veränderungen (Wachstum, Muskelaufbau) müssen die Springer oft mitten in der Saison wieder ganz von vorne anfangen ... Ein ewiger Kreislauf, der erst geschlossen wird, wenn die Athleten ihre Karriere beenden.
Ein Springer absolviert pro Saison bis zu 1000 Sprünge. Jeder einzelne setzt eine hohe Konzentration voraus, schon alleine wegen der Gefahren. Manche Springer nehmen aus diesem Grund Stunden vor dem Wettkampf um sich herum nichts mehr wahr, sie bekommen den „Tunnelblick“.

Martin Schmitt geht konzentriert an den Fans vorbei. Gedanklich befindet er sich in einem Tunnel, nimmt die Autogrammwünsche kaum wahr.

Fans legen dieses Verhalten oft als Arroganz und Ignoranz aus und ärgern sich darüber, dass die Springer in dieser Phase keine Autogramme geben und kein nettes Wort für die Besucher übrig haben. Bei großen Wettkämpfen, wenn zusätzliche Anspannung und Erfolgsdruck auf die Springer einwirkt, kann es sein, dass sie sich nach nur zwei Sprüngen völlig leer fühlen und sogar ihre Siegesfeier manchmal verschlafen.

Die Bewertung des Skisprungs richtet sich nicht nur nach der Weite, sondern zu gleichem Teil nach dem äußeren Erscheinungsbild des Bewegungsablaufes vom Passieren der Absprungkante bis zum Passieren der Sturzgrenze im Auslauf. Der Sprung wird nach dem ästhetischen Gesamteindruck beurteilt.

Die Grundlagen des Skispringens

Skispringen wird in vier große Bewegungsphasen eingeteilt: Anfahrt, Absprung, Flug, Landung. Der Flug wird noch mal in Übergangs- , erste und zweite Flugphase und Landeanflug unterteilt.

Die Anfahrt

„Du musst dich immer wieder aufs Neue überwinden, die Schanze runterzustürzen", sagt der österreichische Weltmeister Andreas Goldberger.

Bei der Anfahrt kommt es primär darauf an, eine hohe Anfahrtsgeschwindigkeit zu erreichen, was für leichte Springer, zu denen auch Goldberger gehört, schwieriger ist als für athletische Typen wie z. B. Martin Schmitt. Sie müssen die fehlende Geschwindigkeit mit ihrer Technik ausgleichen.

Auf Normal- und Großschanzen liegt die Anfahrtsgeschwindigkeit je nach Anlauflänge zwischen 80 und 100 km/h, auf Flugschanzen erreichen die Springer Geschwindigkeiten bis zu 110 km/h. Dafür nehmen sie eine aerodynamische Anfahrtshaltung ein, gehen wie Abfahrtsläufer tief in die Hocke, der Oberkörper liegt parallel zum Ski, die Arme wiederum parallel zum Oberkörper. Schon während der Anfahrt gilt es, günstige Voraussetzungen für einen optimalen Absprung zu schaffen. Wichtig sind auch die Winkelstellungen der Knie und der des Unterschenkels zum Ski.

Sven Hannawald in perfekter Anfahrtshocke. Der Oberkörper liegt auf dem Oberschenkel, die Arme sind dicht am Körper nach hinten gelegt. Jeder Körperteil ist in der richtigen Position.

Der Absprung

Der Absprung ist einzig und allein eine Frage des Timings und bestimmt den Verlauf der Flugbahn. Verschläft ihn der Springer, wird er genauso schnell wieder Boden unter den Füßen haben, wie wenn er zu hastig abspringt.
Mit dem Absprung müssen optimale Voraussetzungen für einen schnellen Übergang in die optimale Fluglage geschaffen werden. Die Beine sind vom Fuß bis zur Hüfte gespannt wie eine Feder. Zum Schanzentisch hin verlagert sich der Körperschwerpunkt vom Mittelfuß auf den Fußballen.
In den vergangenen Jahren wurden zwei Techniken beobachtet. Ein Absprung mit verstärktem Oberkörpereinsatz und vergrößerter Absprunggeschwindigkeit – so sprang Olympiasieger Jens Weißflog. Oder ein Ab-

Martin Schmitt beim Absprung. Der Oberkörper ist schon nach vorne geneigt, die Beine sind gestreckt, heißt, er hat sich im richtigen Moment vom Schanzentisch abgestoßen, kann nun in die Flugphase übergehen.

sprung nahezu ohne Oberkörpereinsatz und geringerer Absprunggeschwindigkeit – so sprang Vierschanzentournee-Sieger Andreas Goldberger.
Mit der „Ära Martin Schmitt“ setzt sich eine dritte Form durch: ein Absprung ohne verstärkten Oberkörpereinsatz bei vergrößerter Absprunggeschwindigkeit. In der Springer-Sprache heißt das: „einen Sprung nach vorne raushauen und drauf bleiben“. Der Oberkörper soll wenig Luftwiderstand bieten, um den Geschwindigkeitsverlust so gering wie möglich zu halten.

Der Flug

Der Flug ist in vier Phasen eingeteilt.
Übergangsphase: Sie beginnt unmittelbar nach dem Absprung und leitet über zehn bis 15 Meter die Einnahme der optimalen Flugposition ein. Der Springer schießt

fast horizontal nach vorne und versucht, so schnell wie möglich „über den Ski zu kommen", das heißt in Vorlage zu gehen, um den Luftwiderstand so gering wie möglich zu halten. Dafür muss sich der Springer nach vorne drehen, als wollte er zu einem flachen Kopfsprung ansetzen. Das Ziel: die horizontale Geschwindigkeit so hoch wie möglich halten, ohne nach unten abzusacken. Er muss außerdem die Beine abspreizen und die Fußspitzen nach außen drehen, um die V-Position einzunehmen.

Flugphase I: Diese ersten vierzig bis fünfzig Meter werden auch „Blindflug" genannt. Die Ski sind in die V-Position gestellt worden, und die Springer hoffen, dass etwas sie auffängt, sie trägt – das Etwas ist der Aufwind. Er weht vom Hang nach oben. Die Springer benötigen diesen Wind genauso wie Flugzeuge beim Start. Im Idealfall springen sie in dieser Phase auf ein Luftpolster, die Ski liegen gespreizt seitlich vom Körper, der flach dazwischen liegt. In dieser Phase ist Selbstvertrauen und Mut wichtig. In der Luft muss

Martin Schmitt in der ersten Flugphase. Die Ski bilden ein V. Der Oberkörper liegt dazwischen, die Arme ruhen am Körper. An der Fahne im Hintergrund ist zu erkennen, dass der Wind von hinten kommt.

Martin Schmitt in der zweiten Flugphase. Hier können gute Springer ihr ganzes Können zeigen, mit dem Wind spielen, wie ein Vogel durch die Luft gleiten. Typisch für Schmitt: der offene Mund.

versucht werden, die Geschwindigkeit zu halten, das geht nur durch extreme Vorlage.

Flugphase II: Diese Phase ist der Genuss eines jeden Zuschauers. Der Springer scheint befreit von der Schwerkraft zu fliegen, aerodynamisch, ästhetisch und anmutig – harte Arbeit für den Athleten. Er muss die Balance zwischen Auftrieb und Widerstand halten. Der Körper liegt jetzt fast gestreckt und horizontal in der Luft. Mit den Händen werden Feinkorrekturen ausgeführt.

Landeanflug: Die zweite Flugphase versucht der Springer so lange wie möglich auszudehnen. Liegt er noch immer auf dem Luftpolster, kann er an den Hang geschmiegt ins Tal segeln.

Das Aufrichten des Körpers soll so schnell wie möglich durchgeführt werden. Dabei wird auch die V-Stellung der Ski zugunsten der Parallel-Stellung aufgegeben und die Arme werden abgespreizt, wie bei einem Flugzeug, das seine Landeklappen ausfährt. Während des Aufrichtens wird zur Vorbereitung der Telemarklandung ein Bein nach vorne geschoben. Wichtig ist, dass der Springer während dieser Phase stabil bleibt und nicht durch die Luft schwankt, damit die Ski bei der Landung nicht verkanten.

Die Landung

In keiner Phase wird mangelhafte Bewegungsausführung für den Laien so deutlich wie bei der Landung. Zudem sind die Bewegungskriterien durch die IWO (Internationale Skiwettkampfordnung) exakt festgelegt. Die Springer sollen im Telemark-Stil landen, diese Landung entspricht einem Ausfallschritt. Der Abstand zwischen der Ferse des vorderen und den Zehen des hinteren Fußes soll bei der Landung in etwa eine Schuhlänge betragen. Anschließend wird der Ausfallschritt größer – der Oberkörper ist leicht aufgerichtet, der Unterschenkel des hinteren Beins soll möglichst parallel zum Ski sein.

So sieht eine gelungene Telemarklandung aus. Eine Schuhbreite Platz zwischen der Ferse des vorderen Fußes und der Spitze des hinteren Fußes, die Arme seitlich ausgestreckt.

Die Weite wird an der Stelle gemessen, an der mindestens ein Ski mit voller Fläche auf die Aufsprungbahn aufsetzt. Bei einbeiniger Landung wird der Punkt gemessen, an dem sich der Fuß des Springers in diesem Moment befand. Bei einer korrekten Telemarklandung wird die Mitte zwischen den Füßen als Messpunkt festgehalten. Bei einem Sturz wird der Punkt des ersten Körperkontakts mit der Aufsprungfläche festgehalten. Die Sprungweite wird mit einer Genauigkeit von plus/minus einem halben Meter angegeben.

Die Sprungrichter sind sehr penibel und haben genaue Vorstellungen von einer perfekten Landung: Für eine positive Bewertung sollte der Sportler nach der Landung mindestens 15 Meter in der Telemark-Position verharren. Danach sollte er in leichter Schritt- oder Parallel-Stellung und mit ruhiger Armhaltung Richtung Auslauf fahren. Erst wenn er die Sturzlinie passiert hat, gilt der Sprung als gestanden. Gerade bei gelungenen Sprüngen erfordert das Konzentration, denn bei zu frühem Jubel gibt es Punktabzug ...

Vorbereitung auf den großen Kick – das Training

Schon in den 20er Jahren sagte der norwegische Olympiasieger Johann Gröttumsbraten (1928/Kombination): „Ich trainiere vom 1. August bis zum 31. Juli. Ja, das ganze Jahr. Das Sommertraining ist die Zauberformel für den Erfolg im Winter." Das hat sich bis heute nicht geändert. Knapp 80 Jahre später sagte der Deutsche Bundestrainer Reinhard Heß: „Sieger werden im Sommer gemacht." Auch die Trainingsinhalte sind ähnlich geblieben. 1928 wurden Waldläufe protokolliert, außerdem Akrobatik, Leichtathletik und Ballspiele. Für das Grundlagentraining sind bis heute kaum Trainingshilfen notwendig. Alles, was die Skispringer benötigen, findet sich in einer durchschnittlich ausgestatteten Turnhalle und einem spärlichen Kraftraum. Die einzige aufwendige Einheit ist der Test im Windkanal – eine große Röhre, durch die konstant Wind bläst. Die Springer können, an einem Seil hängend, verschiedene Flugpositionen testen. Durch eine besondere Technik können die Luftströmungen sichtbar gemacht werden. So kann die Körperlage, die den geringsten Luftwiderstand bietet, sprich die aerodynamischste Haltung herausgefunden werden.

Die ersten Windkanaltests führte der Schweizer Diplomingenieur Prof. Dr. Reinhard Strautmann in den 20er Jahren durch. Mit kleinen Holzmännchen begann er seine Studien. Im Laufe der Zeit baute er immer größere Windröhren. Anfang der 50er Jahre gestattete ihm die Schweizer Luftwaffe, in ihrem Windkanal Tests mit Springern durchzuführen. Sein Proband war der Schweizer Springer Andreas Däscher, das Ergebnis die Tropfentechnik (auch Däscher-Stil), die dieser Springer als Erster perfekt beherrschte.

Das Jahr der Skispringer ist in vier Etappen eingeteilt. Die erste Trainingsetappe dauert von Mai bis August. Die zweite Vorbereitungsphase erstreckt sich von September bis November. Die Wettkampfphase beginnt Ende November und reicht bis in den März hinein. Die letzte Etappe ist die Übergangsphase im Monat April. Diese Tage werden für Urlaub und Regeneration genutzt. Das Techniktraining beginnt im Mai.

Erste Etappe

Schwitzen, hadern und fluchen – Skispringern geht es ähnlich wie jedem Arbeitnehmer: Nach dem Urlaub ist ein Anfang auch für sie schwer. Ihr Trost, sie starten sehr abwechslungsreich in die neue Saison, sie „klauen“ sich ihre Trainingsinhalte aus anderen Sportarten: Da wird am Barren, Reck, auf dem Boden und dem Trampolin geturnt, Fußball, Federball, Tennis und Basketball gespielt.

Sprung-Imitationsübung. Martin Schmitt wird von Trainer Wolfgang Steiert gestemmt, simuliert so den Flug.

Aus der Leichtathletik werden Weitsprung, Hochsprung und Werfen übernommen, im Schwimmbad Kopfsprünge und Salti ausprobiert. Mit dem Rad werden Geschicklichkeitsparcours gefahren und Querfeldein-Fahrten durchgeführt. Das alles dient der allgemeinen Athletik und der Schulung der Bewegungsintelligenz. Parallel wird an der Ausdauer und der Schnelligkeit

gearbeitet: Dauerläufe, Fahrtspiele, Crossläufe von bis zu acht Kilometern Länge und Sprints.
Während des gesamten Trainingsjahrs wird die Sprungtechnik mit Imitationsübungen gefestigt. Dafür geht der Springer in die Anfahrtshocke, fährt im Geiste den Anlauf runter und springt aus dieser Position in die Arme des Trainers. Der fängt ihn auf und stemmt ihn wie ein Gewichtheber in die Luft, wo der Springer einige Sekunden versucht, eine stabile Flugposition zu halten.
Wichtiger Trainingsinhalt für Skispringer ist das Krafttraining für die Beinmuskulatur. Dazu gehören das Training an der Beinpresse und Kniebeugen mit freien Hanteln sowie Sprünge aller Art: Kastensprünge, Hockstrecksprünge und Hürdensprünge, Einbeinsprünge und Treppensprünge.
Am Ende dieser Phase werden schon erste Trainingssprünge auf den Mattenschanzen gemacht – Vorbereitung für den Winter und den Sommer Grand Prix (siehe S. 100).

Zweite Etappe

Die Inhalte der vorangegangenen Etappe werden kontinuierlich weiterentwickelt: Spiele, Ausdauer, Schnelligkeit und Krafttraining bleiben feste Inhalte. Doch diese zweite Vorbereitungsphase ist hauptsächlich von der Suche nach Schnee und Möglichkeiten für Trainingssprünge geprägt. Sobald im Norden (Finnland, Schweden oder Norwegen) die erste Schanze präpariert wird, sitzen die Nationalteams mit ihrem neuen und alten Material im Flugzeug. Je nach Bedingungen ziehen sie für mehrere Wochen von Schanze zu Schanze, testen und verbessern Material und Technik (Videoanalysen). Außerdem wird ein erster Blick auf die Konkurrenz geworfen, wobei jedes Team versucht, seine neuesten Entwicklungen geheim zu halten. Durch die beschränkten Möglichkeiten in dieser Zeit trainieren oftmals mehrere Nationen an einer Schanze.

Wettkampf-Periode

Martin Schmitt und Wolfgang Steiert im Reisestress. Hier beim Zwischenstopp in London. Ohne Gepäckwagen geht es nie.

Die Springer haben einen straffen Terminkalender. In der Saison 2000/2001 umfasste er 29 Wettkämpfe plus eine Weltmeisterschaft. Trotz der enormen Belastung trainieren die Springer weiter ihre Schnelligkeit, Ausdauer, halten ihr Kraftniveau mit den bewährten Trainingsformen – allerdings mit reduziertem Umfang – und überprüfen ihre Technik immer wieder mit Video-

analysen. Ist ein Springer ausgelaugt oder springt er schlecht, wird er aus der Weltcup-Tour herausgenommen. Ein Trainer wird dazu abgestellt, mit dem Springer zum einen verstärkt Inhalte der zweiten Etappe aufzugreifen und zum anderen mit Trainingssprüngen die Psyche zu stärken. Eine Integration in die laufende Saison – „zurück zur Familie“ (Reinard Heß) – gelingt meistens über die Teilnahme beim Nachwuchsspringen (siehe S. 100).

Vierte Etappe

Erst mal ein paar Tage nichts tun – abschalten, lesen, Familie und Freunde treffen, in den Urlaub fahren. Um sich von der Saison zu erholen, benötigen die Springer in der Regel zwei Wochen. Es beginnt jedoch bereits die aktive Regeneration. Die Springer dürfen ihre sportlichen Belastungen selbst wählen. Ob Tauchen, Paragliding, Skifahren, wichtig ist nur, dass sie sich bewegen und Kraft sammeln für die erste Etappe ...

Jeder Sonnenstrahl wird von den Wintersportlern genutzt. Sven Hannawald bei seiner Lieblingsbeschäftigung: „Bräunen nach dem Konditionstraining“.

Skispringen – reine Nervensache

Der körperliche Kraftaufwand ist beim Skispringen relativ gering. Er beschränkt sich auf die Anfahrt in der Hocke, Absprung, Flugbalance und Landung. Dafür ist die mentale Belastung, der Wettkampfstress, die Konzentration und Nervosität um ein Vielfaches höher als bei anderen Sportarten.

So sieht Konzentration vorm Sprung aus. Der Pole Adam Malysz mit aufgerissenen Augen und starrem Blick. Letzter Test, ob die Brille richtig sitzt, dann fährt er los.

Eine stabile Psyche ist für die Risikosportart Skispringen der wichtigste Erfolgsfaktor. Wie in kaum einer anderen Disziplin gilt hier: Ohne Selbstvertrauen in die eigene Stärke, in das eigene Können und ohne Vertrauen in die Trainer funktioniert diese Sportart nur mäßig bis gar nicht und wird dazu noch extrem gefährlich. Die kleinsten Fehler, jegliches Zaudern und minimale Unkonzentriertheit können schwer wiegende Stürze nach sich ziehen. Aber auch ein gesteigertes Selbstbewusstsein kann fatale Folgen haben.

Wer sich überschätzt, bei schwierigen Bedingungen, wie z. B. starkem Wind, zu viel riskiert, kann genauso stürzen. Zu einer starken Psyche gehört auch, alle Faktoren in kürzester Zeit abzuwägen und mit der eigenen Form abzugleichen, sowie die Begabung, nach Schwächeperioden wieder Vertrauen zu erarbeiten. Misserfolge müssen nicht immer Stürze sein. Auch schwache Sprünge bei guter Form, optimalen Bedingungen oder mit perfektem Material rauben den Springern positive Energie. In diesen Phasen sind Trainer oder erfahrene Kollegen für die Athleten oft die einzige Hilfe. Sie helfen, die möglichen Fehler zu analysieren und zu beheben. „Im Idealfall folgt auf einen miserablen Sprung eine Granate“ (Sven Hannawald). Das funktioniert allerdings nur, wenn es die Springer schaffen, ihre Gedanken auf die zum Erfolg notwendige Veränderung zu fokussieren.
Unter Umständen genügt eine Anweisung, wie „zieh den linken Ski schneller unter den Körper“. Stimmte die Analyse und gelingt die Korrektur, kann das Selbstbewusstsein innerhalb weniger Sprünge wieder stark sein. Schafft es der Springer nicht, oder war dieser Fehler nicht die eigentliche Ursache, gehen Versuch und Suche weiter. So eine Situation kann sogar der Auslöser einer ganzen schlechten Saison sein. Olympia-Sieger Jens Weißflog nennt solche Phasen einen „Teufelskreislauf“.

Strategie und Taktik

Bei der streng reglementierten und straff organisierten Sportart bleibt wenig Spielraum für Strategie und Taktik. Wenn überhaupt, so finden sie nur im psychologischen Bereich statt und zielen auf eine Verunsicherung der Konkurrenz. Den anderen demonstrieren, dass man selbst vor Selbstbewusstsein strotzt. Beispiele für kleine Psycho-Tricks:

- Auf den Qualifikationssprung (siehe S. 84) verzichten. Hat ein Springer mit einem gelungenen Probesprung eine gute Weite markiert und hat er sich bereits qualifiziert, packt er seine Sachen und verzichtet auf den ersten offiziellen Sprung.

- Das eigene Material nur im Geheimen testen verunsichert die Konkurrenz grundsätzlich, die immer damit rechnen muss, dass ein „Wunderski" erfunden wurde.
- Springen bei jedem Wetter. Gerade bei hohen Windstärken merken die Sportler untereinander, wer Angst hat und wer nicht. Zaudert einer der Weltcup-Führenden und meldet Bedenken bei den Trainern an, kann es sein, dass die Verfolger erst recht springen wollen. Das funktioniert natürlich auch umgekehrt.

Gefahren

Jeder individuelle Fehler aber auch jede Wettertücke kann einen schweren Sturz zur Folge haben. Der Russe Valerie Kobelev stürzte beim Skifliegen in Planica aufgrund widriger Windverhältnisse, lag im Koma und musste Monate im Krankenhaus verbringen. Alexander Herr aus Schonach kostete ein Landungsfehler beim Trainingssprung eine Saison, er riss sich die Kreuzbänder. Doch fast noch tückischer als physische Verletzungen sind die daraus resultierenden Ängste – vor dem nächsten Sturz. Dennoch: Je größer der Kenntnisstand über mögliche Gefahren, desto konsequenter können Fehler vermieden werden.

Die häufigste Ursache für Stürze sind eine schlecht präparierte Spur und selbst verschuldete Technikfehler. Die ärgste Gefahr birgt jedoch der Wind. Kommt er von der falschen Seite, dreht während der Flugphase oder bläst an manchen Stellen zu stark, wird er in einem Sekundenbruchteil zum ärgsten Feind. Er kann die Springer in der Luft zusammenfalten wie ein Blatt Papier, zur Seite pressen oder unkontrolliert durch die Luft wirbeln. Um sich vorzustellen, welche Kräfte auf

die Sportler wirken, muss man nur mal bei Tempo 100 im Auto den Kopf aus dem Fenster strecken.
Der Wind kann aber auch der größte Freund des Springers werden. Am liebsten mögen die Sportler einen konstanten Gegenwind mit der Geschwindigkeit von 1 m/s. Nach dem Motto „draufspringen und genießen" (Christof Duffner, Deutsche Nationalmannschaft) können sie unter solchen Bedingungen auf einer Flugschanze (K 185) bei 200 Metern landen.

Dr. Ernst Jakob betreut seit 1985 die Deutsche Skisprung-Nationalmannschaft. Wenn er nicht an der Schanze steht, praktiziert er in der Klinik in Hellersen bei Lüdenscheid. Dr. Ernst Jakob ist nicht nur Arzt der Skispringer, sondern auch enger Vetrauter und Seelsorger. Brauchen sie während der anstrengenden Saison mal eine Auszeit, päppelt er sie sogar bei sich zu Hause auf. Vom Deutschen Team wird er wegen seines grauen Bartes liebevoll „Doc Eisbart" genannt.

Schmale Kerle

Ernährung und Gewicht – ein ewiges Reizthema in Springerkreisen. Es gilt die Regel, wer leicht ist, hat Vorteile in der Luft. Weder Körpergröße noch Skilänge haben nach neuesten Untersuchungen einen entscheidenden Einfluss, dafür aber das Verhältnis von Körperumfang und Gewicht. Computersimulationen ergaben, dass beim Skifliegen ein Kilo weniger vier Meter mehr ermöglicht.

Weil nicht jeder von Natur aus ein Papierflieger ist, wird für den Erfolg gehungert. Die Folge sind übertriebene Diäten, die Einnahme von Abführmitteln, Entwässerungstabletten und mehr. Viele Springer sind aus diesem Grund unterernährt, einige bewegen sich auf der Schwelle zur Magersucht. Das führt wiederum zu einem geschwächten Immunsystem. Die Athleten müssen neben dem Wettkampfstress noch mit zum Teil chronischen Infektionen kämpfen, ihr Körper befindet sich in einem sensiblen Grenzbereich. Falscher Ehrgeiz und selektive Problemwahrnehmung von Athlet und Umfeld erschweren die Kontrolle.

Genau an diesem Punkt setzt die Versuchung von Doping ein. Gewicht verlieren bedeutet Kraft einbüßen. Der Markt hält Aufbaupräparate bereit, die dem Athleten erlauben, unterernährt zu trainieren, ohne Sprungkraft zu verlieren.

Letzter Doping-Fall: Der Russe Dmitri Vassilev. Er wurde in der Saison 2000/2001 für zwei Jahre gesperrt. Der Deutsche Team-Arzt Dr. Ludwig Geiger mahnt: „Ein Sport, der seine Sportler quasi systemimmanent krank macht, muss neu definiert werden. Wer zu wenig wiegt, hat keine Reserven – weder physisch noch psychisch."

Für die FIS gestaltet es sich sehr schwer, das Gewichtsproblem zu kontrollieren. Materialreglemetierungen wie die Vorgaben, Sprunganzüge müssen enger anliegen, um den Segeleffekt zu minimieren, und Ski taillierter, um die Tragfläche zu verkleinern – sollen

Leichtgewichten den Vorteil nehmen und den athletischen Typ fördern.
Die Weltcup-Springer stehen meist unter medizinischer Beobachtung. Problematischer wird es im weniger stark kontrollierten Nachwuchsbereich oder bei finanzschwachen Nationen. Der Deutsche Skiverband hatte im Jahr 2000 einen Antrag auf Gewichtslimitierung gestellt. Das Gewicht der Springer sollte nicht mehr als 15 % unter dem Idealgewicht liegen. Der Antrag wurde wegen fehlender Studien vorerst zurückgestellt. Da die letzte Entscheidung, ob ein Springer für einen Wettkampf zugelassen wird, bei der FIS liegt, hat sie an der Universität Graz eine Studie in Auftrag gegeben.

Fliiiiiiiiieeeg...

„Nach drei Tagen Skifliegen bist du tot."
Dieter Thoma

Fliegen wie ein Vogel ist seit Urgedenken ein menschlicher Traum. Somit ist Skifliegen eine konsequente Weiterentwicklung des Skispringens.
Für den Zuschauer liegt der Unterschied zwischen Skispringen und Skifliegen in der Schanzengröße. Die größte Sprungschanze hat ihren Konstruktionspunkt bei 120 Metern. Skifliegen wird auf K 185-Schanzen ausgeführt. Sie ermöglichen Weiten von über 200 Metern. Für die Springer kommt eine extreme körperliche Belastung hinzu: Obwohl auch das Skifliegen, gemessen am Kraftaufwand, keine Schwerstarbeit ist, zehrt es enorm am Körper. Bei drei Sprüngen pro Tag beträgt der Gewichtsverlust bis zu zwei Kilo pro Tag. Zum Vergleich: Bei der Vierschanzentournee sind es drei Kilo in einer Woche.
Ein Grund für den erhöhten Energieverbrauch beim Fliegen ist die extreme nervliche Belastung. Neben der „normalen" Anspannung wurde bei den Fliegern ein extrem erhöhter Adrenalinspiegel festgestellt. Adrenalin

ist ein Stresshormon, das ausgeschüttet wird, sobald der Körper in Extremsituationen gerät. Das kann sowohl eine erhöhte körperliche wie auch psychische Belastung sein.
Eine Studie des DSV-Arztes Dr. Geiger ergab, dass die Adrenalin-Auschüttung während des Wettkampfes (im Vergleich zum Ruhezustand) um das Zehn- bis Zwanzigfache erhöht ist. Dr. Ernst Jakob (Sportklinik Hellersen), Betreuer des Deutschen Skisprungteams, belegte Anfang der 90er Jahre, dass die Adrenalin-Konzentration bei Skifliegern mit der eines Formel-1-Fahrers vergleichbar ist (Durchschnittswert während eines Rennens von rund zwei Stunden).
DSV-Trainer Wolfgang Steiert erinnern die Sportler in diesem Zustand an das berühmte „Kaninchen vor der Schlange“. Ihre Angst resultiert zum einen daraus, dass Skifliegen aufgrund der wenigen Wettkämpfe (maximal drei pro Saison) nicht speziell trainiert wird – es gibt daher keinen Gewöhnungseffekt. Zum anderen beträgt

Dieter Thoma beim Skifliegen. Er zählte zu den besten Skifliegern der Welt, flog als einer der ersten über die 200 Meter-Marke.

die Zeit in der Luft bis zu sieben Sekunden; beim Skispringen fliegen die Springer maximal vier Sekunden. Der Flieger ist der Naturgewalt Wind wesentlich länger und intensiver ausgesetzt, die Sturzgefahr potenziert.

Die wichtigsten Regeln

FIS-Renndirektor Walter Hofer über Regeländerungen: „Wir müssen immer einen Spielraum offen lassen. Wir können nicht alles zubetonieren und ein starres System verlangen. Es ist ein dynamischer Prozess: Der Athlet wird immer versuchen, egal wie stark das Reglement eingeschränkt ist oder nicht, an die Grenzen der Möglichkeiten zu gehen. Es ist auch ein innovativer Prozess, den wir nicht verhindern wollen. Denn nur so bleibt der Sportart Skispringen auch die Möglichkeit, sich weiterzuentwickeln.
Es gibt kein lückenloses System. Dennoch muss die FIS versuchen, die Chancengleichheit für alle Athleten zu gewähren."

Am Anfang der Geschichte des Skispringens standen ästhetische Merkmale der Disziplin im Vordergrund, rund ein Jahrhundert später – Anfang der 80er Jahre – hatte es sich in eine Kraftsportart gewandelt. Wiederum 20 Jahre später unterzog sich die Sportart einer weiteren Metamorphose – trägt heute den Charakter einer reinen Technikdisziplin. Der Kraftaufwand ist nicht mehr maximal, sondern optimal, vor allem bedingt durch die breiteren Ski, mit denen die Springer einen größeren Segeleffekt erzielen. Es geht, vereinfacht gesagt, nicht mehr darum, wer die mächtigsten Oberschenkelmuskeln hat, sondern mit Technik- und Fluggefühl das neue Material und die Natur am sichersten beherrscht.
Diese Entwicklung verdeutlicht, dass auch das Regelwerk einem dynamischen Prozess unterliegt, neue Anforderungen, Möglichkeiten und Schwierigkeiten dis-

kutiert und sportartgerecht angepasst werden müssen. Jüngstes Beispiel ist die Forderung der Wettkampfausrichter nach steifen Skispitzen: Die in der Saison 2000/2001 entwickelten flexibleren Ski sollen die Anlaufspuren der Schanzen kaputtmachen. Die FIS unterstützt solche Anfragen nicht, weil sie den Springern mit solchen Reglementierungen die Experimentierfreiheit nimmt. Eher würde der Weltverband verlangen, dass ein neues System für die Spuren erfunden wird.
Die IWO – die Internationale Skiwettkampfordnung – ist das Regelwerk des Skispringens. Knapp neunzig

Adam Malysz überraschte in der Saison 2000/2001 die Konkurrenz mit seinem „Flatterski". Seine Bretter waren in der Schaufel extrem weich, bogen sich, wie auf diesem Foto zu sehen, in der Luft auf.

Seiten dick, mit über 580 Punkten und Unterpunkten gefüllt, gibt sie nicht nur Bestimmungen für den Wettkampfablauf von der Anmeldung bis zur Preisverleihung vor, sie regelt auch die Ausbildung der Funktionäre, Spesensätze, die Planung von Schanzenumbauten etc. – beantwortet also alle Fragen rund ums Skispringen. Sie wird jährlich aktualisiert und nach Bedarf modifiziert. Alle Änderungen werden durch den Internationalen Skikongress (Abordnung der FIS plus Ländervertreter) diskutiert und genehmigt.

Weitennote

Die Weite wird mittlerweile auf jedem größeren Wettkampf vom Continentalcup bis zu Olympischen Spielen per Videomessung ermittelt. Sollte die Technik ausfallen, übernehmen wieder menschliche Weitenmesser diese Aufgabe. Ihre Anwesenheit ist bei jedem Wettkampf Pflicht. Jeder Weitenmesser beaufsichtigt einen Bereich von höchstens drei Metern. Die videotechnische Messung nimmt zwar die Verantwortung von den Weitenmessern und somit auch ein Stück Tradition. Sie hat aber den eindeutigen Vorteil der Objektivität – „Heimmeter" für die Lieblingsspringer sind nicht mehr möglich.
Die Sprungweite ist die Strecke zwischen Schanzentisch und Landung. Als Landepunkt zählt bei einer Telemarklandung die Mitte zwischen der Ferse des vorderen und den Zehen des hinteren Fußes.
Gelingt dem Springer kein Telemark und er landet in der Parallel-Stellung, wird auf Höhe der Bindung gemessen. Stürzt er im Tal, wird von dem Körperteil ab gemessen, der den Schnee zuerst berührt hat.
Für das Erreichen des K-Punktes erhält der Springer 60 Punkte. Für jeden abweichenden Meter bekommt er bei längeren Sprüngen einen Bonus, bei kürzeren einen Malus. Die Höhe ist von der Schanzengröße abhängig.

K-Punkt	Bonus bzw. Malus
20 – 24 m	4,8 Punkte pro Meter
25 – 29 m	4,4 Punkte pro Meter
30 – 34 m	4,0 Punkte pro Meter
35 – 39 m	3,6 Punkte pro Meter
40 – 49 m	3,2 Punkte pro Meter
50 – 59 m	2,8 Punkte pro Meter
60 – 69 m	2,4 Punkte pro Meter
70 – 79 m	2,2 Punkte pro Meter
80 – 99 m	2,0 Punkte pro Meter
100 – 120 m	1,8 Punkte pro Meter
145 – 185 m	1,2 Punkte pro Meter

Rechenbeispiel: Springt ein Athlet auf eine K 120- Schanze 125 Meter, so erhält er 60 Punkte plus weitere 9 (5 x 1,8 Punkte). Also insgesamt 69 Punkte. Springt er nur 115 Meter, werden die 9 Punkte abgezogen, das heißt der Springer hat 51 Weitenpunkte.

Haltungsnote

Bei jedem Wettkampf müssen fünf Sprungrichter anwesend sein. Sie sitzen in einem Turm unmittelbar an der Schanze. Jeder Sprungrichter kann pro Sprung 20 Punkte vergeben. Das beste und das schlechteste Ergebnis werden gestrichen. Die maximal zu erreichende Punktzahl beträgt demnach ebenfalls 60.
Manche Sportler wünschten sich, die Haltungsnoten würden gestrichen und nur die tatsächliche Weite zählte. Ihre Argumentation: Wer am weitesten springt, muss auch am besten gesprungen sein, sprich die beste Ausführung gewählt haben. Sie stört die Subjektivität, die bei menschlichen Entscheidungen immer eine Rolle spielt. Hinzu kommt, dass die Urteile aus unterschiedlichen Blickwinkeln gefällt werden. Aus manchen Positionen ist z. B. ein Griff in den Schnee schwierig bis gar nicht zu sehen.
Dennoch gehören die Haltungsnoten zum Skispringen wie die Vierschanzentournee. Nicht nur Nostalgie und Tradition spielen eine Rolle, sie sind Ausdruck des ästhetischen Charakters der Sportart. Unangebracht oder berechtigt? Um Meckereien der Springer

Die Skisprungrichter beim Verfolgen eines Sprungs aus ihrer Kabine – fünf Köpfe, fünf Blickwinkel. Auch wenn sie wie Fünflinge aussehen, haben sie durchaus unterschiedliche Meinungen.

und Trainer besser einschätzen zu können, werden im Folgenden die häufigsten Fehler mit ihren Abzügen benannt. Grundsätzlich gilt: Für einen Fehler im Flug gibt es bis zu fünf Punkten Abzug, für einen Fehler bei der Landung und Ausfahrt bis zu vier Punkten, bei einem Sturz bei der Landung oder während der Ausfahrt bis zu zehn Punkten.

Flugfehler sind
- Mängel im Bewegungsablauf während der Übergänge, z. B. zeitliche Verzögerung und/oder unzureichende Stabilität und/oder Unsicherheit (1,5 Punkte)
- mangelhafte Skiführung, z. B. ständige Korrekturen während des Fluges und/oder starkes Pendeln (1,5 Punkte)
- keine gestreckte Beinhaltung (1,0 Punkte)
- asymmetrische und/oder unruhige Armhaltung (1,0 Punkte)

Landungs- und Ausfahrtsfehler sind

- zu steife/breite oder unsichere Telemarklandung. Eine Landung ist zu breit, wenn der Abstand mehr als zwei Skibreiten beträgt. Als zu steif gilt sie, wenn die Beine zu wenig gebeugt sind, als zu tief, wenn das Gesäß zu weit unten hängt. Bei einer Landung ohne Telemark werden diese Fehler zusätzlich mit 0,5 bis 1,0 Punkten Abzug geahndet. (0,5 bis 1 Punkte)
- keine Telemarklandung (2,0 Punkte)

Stürze

Bei der Bewertung eines Sturzes kommt es darauf an, ob der Springer vor oder hinter der Sturzlinie fällt.

- Vor der Sturzlinie zählt eine Bodenberührung, auch wenn es nur die Finger sind, genau wie das Berühren der Ski als Sturz und gibt 10 Punkte Abzug.
- Nach der Sturzlinie werden die gleichen Fehler mit Punktabzug zwischen 2,0 und 8,0 Punkten bestraft.

Frank Löffler stürzte bei der Vierschanzentournee 2001 im Finale von Innsbruck. Zum Glück überstand er den Sprung ohne Verletzung. Er verkantete seine Ski bei der Landung.

Abbruch und Neuanfang

Einen Wettkampf abbrechen oder ihn zu Ende springen lassen? Eine Frage des Wetterberichts, des Vertrauens, der Situation. In jedem Fall eine heikle Aufgabe für die Jury. Sie entscheidet laut Reglement alleine darüber, kann sich jedoch zusätzlich mit Trainern und Springern über den weiteren Wettkampfverlauf beraten. Der Anspruch der Jury ist, Chancengleichheit und Sicherheit für jeden Springer zu gewährleisten.

Gründe für einen Wettkampfabbruch oder eine Verschiebung sind

- starker Wind
- starker Schneefall
- eine schlecht präparierte Schanze
- ein schwerer Sturz
- Kälteeinbruch (minus 40 Grad Celsius, zuletzt bei der Skisprung-WM 2001 in Lahti/Finnland)

Häufiger kommt es zu einem Neustart des Wettkampfs. Die gängigste Ursache ist eine Anlaufverlängerung oder -verkürzung, sprich der Start aus einer neuen Luke. Die Sportler, die bereits gesprungen sind, müssen am Ende noch mal springen. Denn verändert sich der Anlauf, ändern sich die Bedingungen für den Springer. Ein längerer Anlauf bedeutet die Möglichkeit, eine größere Weite zu springen und umgekehrt.
Der Grund für Anlaufveränderungen: Die Schanze soll laut Reglement ausgesprungen werden, das heißt, von den besseren Springern sollte die Jury-Weite erreicht werden. Springen alle Athleten zu kurz, muss eine höhere Luke gewählt werden. Es gilt aber auch der Umkehrfall: Springen schwächere Springer in den Bereich der Jury-Weite, besteht die Gefahr, dass die Wettkampfführenden über die Landezone Richtung Auslauf (ohne Hangneigung) springen. Dabei kann es zu schlimmen Beinbrüchen kommen, weil der Sprung auf geradem Untergrund kaum abgefedert werden kann.

Kanonenfutter

Vorspringer testen die Schanze von verschiedenen Luken aus und geben der Rennleitung Informationen über Wetter und Schanzenverhältnisse. Sie tragen zur Kennung ein Trikot mit einem V. Die Springer nennen die Testspringer liebevoll „Kanonenfutter". Sie kommen nicht mit in die Wertung und werden nach jeder Unterbrechung oder auch zum Freifahren einer verschneiten Spur über den Schanzentisch geschickt. Meist sind es Nachwuchsspringer des ausrichtenden Landes.

Nicht immer haben die Vorspringer so schönes Wetter wie hier. Gerade bei schlechten Bedingungen müssen sie testen, wie widrig diese tatsächlich sind.

Ein Sprung – zwei oder drei?

Bei Wind und Wetter müssen die Teams, Funktionäre und Zuschauer auf alle Eventualitäten gefasst sein. In der Regel sind pro Wettkampf ein freiwilliger Probesprung und anschließend zwei Wertungsgänge vorgesehen.
Die Qualifikation für den Wettkampf findet meist am Vortag statt. Zu den 15 Weltcupführenden – sie sind gesetzt – werden 35 weitere Springer unabhängig von Weltcuppunkten ermittelt.
Diese 50 Springer starten im ersten Wertungsdurchgang in umgekehrter Reihenfolge, der „schlechteste Springer" mit der Nummer 50 zuerst, bis zu den 15 Besten. Der Weltcupführende trägt ein „Gelbes Trikot" mit der Nummer 1.
Für das Finale wird weiter gesiebt. Qualifiziert sind die stärksten 30 Springer. Die Startliste wird jetzt unabhängig von Weltcuppunkten nur nach Tagesleistung festgelegt. Der Beste des ersten Wertungsdurchganges springt wieder zuletzt. Die Punkte aus beiden Durchgängen werden addiert, Sieger ist, wer die höchste Punktzahl erreicht hat.
Und manchmal ist dann doch nur einer ...
Sind die Bedingungen zu widrig und es kann nur ein Wertungsdurchgang durchgeführt werden, zählt dieser als Endergebnis. Im Ausnahmefall kann auch auf den Probedurchgang verzichtet und gleich mit dem ersten Wertungsdurchgang begonnen werden. Die Voraussetzung dafür ist ein am Vortag vollständig durchgeführter Trainingsdurchgang. Außerdem muss die Entscheidung rechtzeitig von der Jury bekannt gegeben werden. Nachträglich kann allerdings auch ein von allen Springern durchgeführter Probesprung nicht in einen Wertungsdurchgang umgewandelt werden. Diese Regel trat in der Saison 1999/2000 beim Weltcup-Auftakt in Kuopio (Finnland) in Kraft. Alle Springer hatten ihren freiwilligen Probesprung wahrgenommen. Weil sich anschließend die Bedingungen ver-

schlechterten, überlegte die Jury, den Probesprung als Wettkampf zu werten. Die Diskussion endete mit einem Blick in die Wettkampfordnung.

FIS-Direktor Walter Hofer (r.) mit seinem Kollegen Kurt Henauer beim Vermessen der Skispitzen. Sie dürfen nicht zu breit sein und müssen in die vorgefertigte Form (am Boden) passen.

Disqualifikation

Die Jagd nach Weiten und Preisgeldern treibt immer wieder einige Springer zu Regelverstößen. Beim Weltcup-Auftakt In Kuopio (Finnland) in der Saison 2000/2001 wurden gleich sechs Sportler disqualifiziert. Sie wollten mit nicht genehmigtem Material antreten – ihre Ski waren zu lang und zu breit. Sie hätten dadurch einen „Segel-Vorteil" haben können.

Weitere Disqualifikationsgründe sind
- nicht rechtzeitiges Erscheinen am Start
- Überschreiten der Startzeit von 15 Sekunden

- vor der Schanzenfreigabe, d.h. bei Rot, gestartet oder Startbereitschaft bewusst verzögert, z. B. durch überlanges Prüfen, ob der Helm richtig sitzt.

Für diese Regelverstöße bekommt der Springer für den betreffenden Sprung null Punkte – dürfte aber theoretisch beim nächsten Sprung wieder springen. Allerdings wird in solchen Fällen häufig ein Auge zugedrückt, denn nicht rechtzeitiges Erscheinen am Start kann sehr menschliche Gründe haben.

Härter fällt das Strafmaß aus, wenn der Springer mit

- mangelhafter oder unvollständiger Ausrüstung antritt (kaputte Bindung, Helm vergessen)
- auf einer gesperrten Schanze trainiert hat (Trainingszeiten werden offiziell vergeben)
- keine FIS-Lizenz vorweisen kann
- die Werbevorschriften missachtet (Überkleben der Wettkampfsponsoren)

In diesen Fall wird er mindestens für den laufenden Weltcup gesperrt. In der Geschichte des Skispringens sind solche Vergehen bisher jedoch selten bis gar nicht vorgekommen. Alles brave Jungs? Sicher nicht! Es kann einfach niemand ein Interesse daran haben, auf einer gesperrten Schanze oder ohne Helm und mit defekter Bindung zu springen. Dafür sind die Springer zu sicherheitsbewusst, niemand würde sich freiwillig in Gefahr begeben. So ist und bleibt das häufigste Vergehen der Versuch mit nicht genehmigtem Material auf die Schanze zu gehen.

Doping im Skispringen

Doping ist der Versuch der Leistungssteigerung durch Einnahme, Injektion oder Verabreichung von Substanzen verbotener Wirkstoffgruppen oder durch Anwendung verbotener Methoden wie Blutdoping. Das gilt übergreifend für alle Sportarten. Die Einhaltung dieses Verbots wird durch Wettkampfkontrollen überprüft.

Skispringen ist dennoch keine dopingberüchtigte Sportart. In den vergangenen 20 Jahren (Stand 2000/2001) ist ein (!) Dopingfall aufgedeckt worden, der des Russen Dmitri Vassilev (2001). Ihm wurde ein Diät-unterstützendes Entwässerungsmittel im Urin nachgewiesen, das auf der Dopingliste steht, weil es die Einnahme vom Anabolika verschleiert. Er wurde für zwei Jahre gesperrt.

Doping im Skispringen macht generell wenig Sinn, da es weder eines besonderen Kraftaufwands noch einer hohen Ausdauerleistung bedarf. Auch die Einnahme von Psychopharmaka, etwa zum Abbau der Angst, wäre unsinnig, da in einem angstfreien Zustand nicht zwingend größere Weiten erzielt werden. Bewusstseinsverändernde Substanzen können sogar lebensgefährlich sein, da sie die Konzentration des Springers stören und ihn durch Kontrollverlust (so z. B. die Wirkung von Ko-

Dmitri Vassilev, der einzige Dopingfall im Skispringen.

Funktionen an der Schanze

Sind Ihnen an der Schanze schon einmal ganze Gruppen einheitlich gekleideter Menschen aufgefallen? Es handelt sich dabei entweder um die Mitglieder einer Nationalmannschaft (die Österreicher kommen in Rot, die Deutschen in Blau) oder um die Mitglieder der FIS (Funktionäre), die ebenfalls alle die gleichen Skianzüge mit dem offiziellen Emblem des Weltverbands tragen. Und sollten sie ihre Jacken einmal aushaben, sind diese Herren dennoch leicht an ihren schweren Funkgeräten zu erkennen.

Ohne die Walkie-Talkies wäre die Kommunikation an den weitläufigen Schanzen nicht möglich. Über Funk können auf schnellstem Weg Probleme diskutiert, Risiken erkannt und im Idealfall sofort beseitigt werden. Die Beteiligten sind stets bemüht, die Gefahren für

Das deutsche Nationalteam in der blau-schwarzen Mannschaftskleidung der Saison 2000/2001. Das Outfit wechselt jedes Jahr.

Sportler und Zuschauer zu minimieren. Kommt es zu kritischen Situationen, wird versucht, so schnell wie möglich einen Konsens im Sinne der Sportler zu finden. Manchmal kommt es zu Unstimmigkeiten zwischen den verschiedenen Gruppen. Mal protestieren die Mannschaften, weil sie glauben, dass andere die Regeln verletzt haben. Mal wettern Trainer und Athleten gegen Entscheidungen der FIS. In jedem Fall ist die dreiköpfige, immer anwesende Jury, bestehend aus Rennleiter, Technischem Delegierten (TD) und TD-Assistent, angehalten, Problemlösungen im Sinne der IWO, der Internationalen Skiwettkampfordnung, zu finden.
Weil die anfallenden Aufgaben nicht allein von diesen drei Personen geregelt werden können, wird das Wettkampfkomitee bei Veranstaltungen um einen ganzen Mitarbeiterstab erweitert: Hinzu kommen Sekretär, Schanzenchef, Starter, Chef der Weitenmessung, Chef des Rechenbüros, Chef des Ordnungsdienstes, Chef für technische Einrichtungen, Materialchef und Chef des Sanitätswesens. Weitere Funktionäre werden je nach Bedarf vom Wettkampfkomitee ernannt. So

Ein typisches Bild von FIS-Direktor Walter Hofer. Das Walkie-Talkie in der Hand, den Blick auf die Schanze gerichtet. Er ist mitverantwortlich dafür, dass der Wettkampf sicher und fair durchgeführt wird.

braucht man häufig auch noch einen Chef der Probespringer und Chefs der Anlauf- und der Aufsprungbahn – alle sind, wie schon erwähnt, an ihrer offiziellen Kleidung erkennbar.
Unverzichtbar sind bei jedem Wettkampf die fünf Sprungrichter, die von ihren fest installierten Sprungrichterkabinen aus die Haltungsnoten vergeben.

Im Brennpunkt: die Jury

Läuft ein Wettkampf einwandfrei ab, tritt die Jury kaum in den Vordergrund. Ihre Hauptaufgaben beschränken sich in diesem Fall auf die Festlegung der Anlauflänge und der Jury-Weite, anschließend überwacht sie die Einhaltung der Wettkampfordnung.
Erst bei Problemen, wie z. B. einer defekten Spur, wechselnden Windverhältnissen, ungleichen Bedingungen oder Verzögerungen, richten sich alle Augen auf die drei oben genannten Herren, insbesondere auf den Renndirektor. Von ihm wird eine klare Entscheidung gefordert, die er in Absprache mit dem Technischen Delegierten und seinem Assistenten in einer offenen und protokollierten Abstimmung finden muss – Demokratie an der Schanze.
Besonders knifflig wird es, wenn sich während eines Wettkampfs die Bedingungen verschlechtern. In dieser Situation muss die Jury das Können jedes einzelnen Springers (Wie kommt er mit stärkerem Wind zurecht?), das Risiko (Wie hoch ist die Sturzgefahr?) und mögliche Folgen (Abbruch, Proteste) gegeneinander abwägen. Im Zweifel fällt die Entscheidung für die Sicherheit der Springer.
Auch im Sommer gibt es keine Ruhe für die FIS-Jury. Sie muss die Schanzen besichtigen und deren Wettkampftauglichkeit überprüfen (siehe S. 41). Dass ihre Mitglieder immer auf dem neusten Stand der Material- und Technikentwicklung sein müssen, um über Regelmodifizierungen entscheiden zu können, versteht sich von selbst.

Weitere Offizielle

Die Aufgaben der erwähnten Funktionäre ergeben sich meist aus ihrem Titel. Im Folgenden sind einige von ihnen kurz erklärt.
Skispringen ist eine Sportart der Tabellen, Zahlen, Noten – der Listen. Der **Sekretär** regelt die Vorbereitung und Bereitstellung der Formulare und die Verteilung der Ergebnislisten, Sitzungsprotokolle etc. Außerdem nimmt er Proteste entgegen.
Die Anlaufspur, der Absprung, die Aufsprungbahn müssen in startbereiten Zustand gebracht werden. Das ist die Aufgabe des **Schanzenchefs**. Er ist für die Vorbereitung und Präparierung der Schanze verantwortlich und koordiniert die **Chefs der Anlauf- und der Aufsprungbahn**.
Sicherheit an der Schanze heißt vor allem, im Falle eines Unfalles auf alles vorbereitet zu sein. Der **Chef des Sanitätswesens** ist dafür zuständig, dass medizinisches Personal und notwendige medizinische Ausrüstung von der Decke bis zum Transportfahrzeug jederzeit verfügbar sind.
Das Medienaufgebot beim Skispringen wird von Jahr zu Jahr größer. Aus diesem Grund stellt die FIS bei jedem Wettkampf einen **Pressechef**. Er ist im Vorfeld mitverantwortlich für die Festlegung der „Mixed-Zonen“, in denen Pressevertreter mit den Athleten sprechen können. Der Pressechef ist befugt, bei Missachtung der Vorschriften, wie z. B. Übertretung dieser Zonen, den Journalisten die Akkreditierung zu entziehen.
Hinter den fünf Köpfen, die sich aus dem **Sprungrichter turm** recken, stecken erfahrene Männer. Bevor sie bei FIS-Wettkämpfen Haltungsnoten vergeben dürfen, befinden sie sich in der Regel über fünf Jahre in der Ausbildung. Das bedeutet, dass sie bei Wettkämpfen assistieren, zudem Lehrgänge besuchen und Prüfungen ablegen, um ihre Lizenz zu erhalten. Danach sollten sie genaue Kenntnisse über den Bewegungsablauf, die Vorgaben und die Punkteverteilung vorweisen können.

Trainer und Betreuer

Ein Team besteht im Idealfall aus einem Cheftrainer, zwei Co-Trainern, Physiotherapeut(in)/Masseur, Arzt und Service-Mann. Gemeinsam sorgen diese Bezugspersonen der Springer für eine „Rundum"-Betreuung beim Training und im Wettkampf. Sie genießen das volle Vertrauen der Athleten.

Die Mitglieder der deutschen Nationalmannschaft teilen sich diese verantwortungsvolle Aufgabe während eines Wettkampfs folgendermaßen: Co-Trainer Wolfgang Steiert ist für Imitationssprünge und die psychologische Betreuung immer in Reichweite der Athleten. Er gibt ihnen die letzten Anweisungen, begleitet sie bei Bedarf bis zur Schanze – was für eine starke Psyche wichtig ist.

Wolfgang Steiert im Einzelgespräch mit Martin Schmitt.

Ist der Springer oben auf der Schanze und startbereit, sucht sein Blick Bundestrainer Reinhard Heß. Er steht mit einer Fahne auf dem Trainerturm. In voller Kenntnis der aktuellen Bedingungen bestimmt er innerhalb der 15 Sekunden Startzeit den optimalen Zeitpunkt, zu dem er den Springer in die Anlaufspur „abwinkt“. Ein Moment des absoluten Vertrauens – auf beiden Seiten. Der Sportler muss sich darauf verlassen, dass der Trainer alle Gefahren bis ins Detail abgewogen hat. Der Trainer wiederum muss sich darauf verlassen können, dass der Sportler sein ganzes Potenzial genau in dem Moment abruft, in dem er abwinkt, denn sein Timing beruht auf seiner Einschätzung der Fähigkeiten seines Sportlers.

Bundestrainer Reinhard Heß, wie ihn jeder Skisprungfan kennt: auf dem Trainerturm mit der Deutschlandfahne in der Hand. Im nächsten Moment wird sie nach unten sausen, das Zeichen für den Springer zum Losfahren. Neben ihm: Nachwuchstrainer Andreas Bauer. PS: Der Stock, an dem die Fahne befestigt ist, ist eine Sonderanfertigung – er ist mit Schnaps gefüllt, zum Aufwärmen.

Martin Schmitts Flug wird von Trainer Henry Glaß (im Hintergrund) mit der Videokamera aufgezeichnet. Bundestrainer Reinhard Heß und Andreas Bauer versuchen, den Sprung mit bloßem Auge zu analysieren.

Der Sprung wird vom Start bis zur Landung von Co-Trainer Henry Glaß auf Video aufgezeichnet.
Im Tal stehen der Arzt Dr. Ernst Jakob und ein weiterer Betreuer, meist Physiotherapeut Rudolf Lorenz. Letzteren sieht man häufiger mit einer Zigarette. Hier geht es jedoch nicht um Genuss oder Stressbewältigung, sondern darum, das Windverhalten anhand des ausgeblasenen Rauches genau zu studieren. Dr. Ernst Jakob steht im Auslauf, um im Notfall Sofortmaßnahmen treffen zu können. Lorenz liefert dem Springer erste Daten über Windverhältnisse, Geschwindigkeiten und Konkurrenz sowie seine ersten Eindrücke vom Sprung. Auch er ist mit dem gesamten Team über Funk verbunden. Gerade wenn mehrere Springer aus einer Mannschaft in kurzem Abstand hintereinander springen, können mögliche Fehler sofort besprochen werden.
Bei Bedarf kann sich der Springer auf dem Rückweg seinen Sprung auf Video anschauen. Dabei kommt es auf die psychische Verfassung des Athleten an. Ist ein Sprung misslungen, ist es manchmal besser, ihn nicht noch einmal anzuschauen. Hier sind wieder die Trainer gefragt. Sie müssen ihre Springer genau kennen und spontan entscheiden, was sie ihren Springern in diesen schwierigen Situationen sagen.

Je erfahrener ein Trainer ist, desto schneller kann er einen Sprung lesen, das heißt Fehler erkennen. Wichtig ist, dass er seinen Sportler nicht mit zu vielen Informationen überfordert, sondern ihm präzise Bewegungskorrekturen gibt, ohne den gesamten Sprung bis ins Detail zu zerpflücken. Der Springer braucht Tipps, die er in der kurzen Zeit vor dem nächsten Sprung umsetzen kann. Dabei kommt es auch auf die psychische Verfassung und den Charakter des jeweiligen Springers an. Der Trainer muss abwägen, wie sensibel und kritikfähig er ist. Das kann nach jedem Sprung anders sein. Außerdem muss er die Bewegungserfahrung des Springers berücksichtigen. Manche verfügen über ein exaktes inneres Bild ihres Sprunges, da reicht schon eine Handbewegung zur Verdeutlichung des Fehlers, bei anderen wiederum bedarf es deutlicher Erklärungen.

Betreuer Rudi Lorenz versorgt Alexander Herr nach dessen Sprung mit den ersten Informationen.

Wettkampf-Springen

Springen, besser springen, im Weltcup springen, ins Nationalteam kommen. So sieht die Traumkarriere eines Springers aus. Ziel eines jeden Athleten ist es, sich auf höchstem Niveau mit der Konkurrenz aus dem eigenen Land und der aus anderen Nationen zu messen. „Trainingssprünge alleine reichen den Athleten nicht. Skispringer sind Wettkampftypen“, sagt Rudolf Tusch, Sportdirektor des Deutschen Skiverbands.

Die Punkte-Listen

Um bei einem Weltcup startberechtigt zu sein, muss ein Springer entweder in der vorhergehenden Saison Weltcup-Punkte gesammelt haben oder mindestens einen Punkt im Sommer Grand Prix (Mattenspringen) oder im Continentalcup vorweisen können.

Bei jedem FIS-Wettkampf werden Punkte vergeben und in die FIS-Weltcup-Liste eingetragen. Sie wird nach jedem Wettkampf durch die aktuellen Ergebnisse ergänzt. Der Springer, der am Saisonende die meisten Punkte gesammelt hat, gewinnt den Gesamtweltcup. Eine wichtige Auszeichnung im Skispringen, weil sie eine konstante Leistung über vier prall gefüllte Wettkampfmonate ausdrückt. Ein Pokal aus Glas, der ihm am letzten Wettkampftag der Saison überreicht wird.

In der Saison 1999/2000 war Martin Schmitt Gesamtsieger des Weltcups, eine Saison später der Pole Adam Malysz.

Weltcup-Punkte werden nur bei Weltcups vergeben (dazu zählt auch die Vierschanzentournee), Weltmeisterschaften und Olympische Spiele zählen nicht.

Martin Schmitt mit dem Pokal des Gesamt-Weltcupsiegers beim Skifliegen in Planica am 19.03.2000.

Punkte-Wertung für Einzelwettkämpfe

Platz 1	100 Punkte	Platz 9	29 Punkte
Platz 2	80 Punkte	Platz 10	26 Punkte
Platz 3	60 Punkte	Platz 11	24 Punkte
Platz 4	50 Punkte	Platz 12	22 Punkte
Platz 5	45 Punkte	Platz 13	20 Punkte
Platz 6	40 Punkte	Platz 14	18 Punkte
Platz 7	36 Punkte	Platz 15	16 Punkte
Platz 8	32 Punkte		

Ab Platz 16 wird pro Platz ein Punkt runtergezählt, das heißt, für Platz 30 wird noch ein Punkt vergeben.

Folgende Doppelseite: Jens Weißflog beim Olympia-Sieg 1994 in Lillehammer.

FISCHER
MEININGER
K 120
44
FISCHER
FISCHER
FISCHER
FISCHER

Doch bevor ein Springer die Nationalhymne mitsummen darf, vergehen viele Trainingsstunden, einige Stürze müssen verkraftet und Ängste verdrängt werden. Dass Skispringen ein reiner Leistungssport ist, wird an der Wettkampfeinteilung deutlich. Der Nachwuchs wird schon früh international getestet. Zu den ersten Wettkämpfen gehören die OPA-Spiele und der Alpen-Cup, die in den Alpenländern ausgetragen werden. Springer, die außergewöhnliche Leistungen erbringen, können schon im Alter von 14 Jahren an der Junioren-Weltmeisterschaft teilnehmen.
Die nächste Wettkampfstufe sind schon Continentalcups (Vorstufe zum Weltcup). Es werden über die Saison über 40 Springen in ganz Europa und Übersee (USA/Japan) angeboten oder die Weltcups – es folgen Weltmeisterschaften und Olympische Spiele.

Die Olympischen Spiele werde alle vier Jahre ausgetragen. Die nächsten finden 2002 in Salt Lake City statt, die letzten wurden in Nagano (Japan) durchgeführt. In den ungeraden Jahren dazwischen werden die Weltmeistertitel im Skispringen, im geraden Jahr der Olympiade (Periode zwischen den Olympischen Spielen) der Skiflug-Weltmeister ermittelt. Bei den Olympischen Spielen und Weltmeisterschaften werden Medaillen für Sprünge von der Groß- und der Kleinschanze und für die Mannschaft vergeben.

Das Wettkampfjahr des Skispringers

Nach dem letzten Wettkampf des Weltcup-Kalenders haben Springer und Trainer nur einen Wunsch: „Schlafen, faulenzen ...“ (Sven Hannawald).
In der Saison 2000/2001 waren es 29 Springen plus Sommer Grand Prix (acht Springen an sechs Orten) und eine Weltmeisterschaft. Bei einer WM wird von der Normalschanze und der Großschanze jeweils ein Team- und ein Einzelspringen durchgeführt, macht also weitere vier Springen.

Damit die Springer nicht zusätzlich noch unnötigem Reisestress ausgesetzt sind, wird der Wettkampfkalender in sechs Perioden eingeteilt. Die Unterteilung folgt geographischen und logistischen Überlegungen. Der Sommer Grand Prix bildet den ersten Abschnitt. Von den Springern wird er „zum Reinkommen" genutzt. Es gibt auch Athleten, die verzichten auf die Sommer-Variante. Sie bereiten sich lieber in ihrer Heimat vor, um den frühen Reise- und Wettkampfstress zu vermeiden. Der Weltcup-Auftakt im Winter findet in der Regel in Ländern statt, die auch schon Ende November und Anfang Dezember schneesicher sind, sprich Finnland oder Schweden. Auch die Weltcups in den USA und Japan werden zu einer Periode zusammengefasst, das reduziert die Strapazen, die ein Langstreckenflug bedeutet.
Der Wettkampfkalender wird jedes Jahr leicht verändert. Denn es gibt mehr Schanzen als Veranstaltungen, und jeder Wettkampfort soll bedient werden. Die Veranstalter müssen sich jedes Jahr erneut um die Ausrichtung eines FIS-Weltcups bewerben. Es kann auch vorkommen, dass sie ihre Schanzenlizenz nicht bekommen (siehe S. 41, 52). Weltweit gibt es ca. siebzig Schanzen (siehe S. 124), die für Weltcups genutzt werden. Der einzige Wettkampf, der immer zur gleichen Zeit und an den gleichen Orten stattfindet, ist die Vierschanzentournee.

Die Vierschanzentournee

Jede Sportart pflegt ihren Mythos. Bei den Tennisspielern ist es Wimbledon, bei den Skifahrern die Streif in Kitzbühel. Bei den Skispringern ist es die Vierschanzentournee. Der Gesamtsieger genießt sein Leben lang Respekt.
Das liegt zum einen an der Tradition der Veranstaltung, aber auch an dem speziellen Wettkampfcharakter. Es wird in einem außergewöhnlichen Modus gesprungen: nach dem K.-o-System. Die 50 qualifi-

zierten Springer bilden nach der Qualifikation Paare. So startet beim ersten Wertungsdurchgang der Beste der Qualifikation gegen die Nummer 50 der Qualifikation, die Nummer 2 springt gegen die Nummer 49 usw. Die 25 Gewinner stehen im Finale, dazu kommen fünf „Lucky Looser", das sind die weiteren fünf besten des ersten Durchgangs.

Auch der Turniercharakter macht die Veranstaltung besonders. Vier Wettkämpfe in neun Tagen plus Qualifikationsspringen. Das macht acht Sprungtage und einen Tag Pause. Diese Belastung ist körperlich wie geistig kaum ohne kleinere und größere Krisen zu bewältigen – sie reichen vom Zweifel an der eigenen Leistung bis zur totalen Erschöpfung. Der Springer, der trotz des Rummels (über 100 000 Zuschauer an den Schanzen, über 30 Millionen an den Fernsehgeräten), trotz der wechselnden Wetterbedingungen, der

Fans bei der Vierschanzentournee. Die Stadien sind schon Wochen vorher ausverkauft.

vier verschiedenen Schanzen, des Reisestresses und des Leistungsdrucks über den gesamten Zeitraum konstante Leistung zeigt, steht am Ende auf dem Siegerpodest.
Die Idee zur Vierschanzentournee entstand in der Gaststube des Hauses „Maier" in Partenkirchen. Das war 1949, mit der Umsetzung begann man zwei Jahre später, im darauf folgenden Winter fand das erste Springen statt. Die Skiclubs Partenkirchen, Bischofshofen und Innsbruck beschlossen, einen Zwei-Länder-Kampf mit Internationaler Beteiligung auszurichten. Damit die Parität zwischen Deutschland und Österreich stimmt, sollte ein vierter bayerischer Skiclub zum Gründer-Trio dazustoßen. Die Skifreunde Oberstdorf erklärten sich bereit. Alle Abmachungen wurden per Handschlag getroffen und bis heute eingehalten. Die erste Vierschanzentournee, damals noch Deutsch-Österreichische Springertournee genannt, startete 1953 mit dem Neujahrsspringen in Garmisch-Partenkirchen, anschließend zog der Tross weiter nach Oberstdorf, Innsbruck, Bischofshofen. Damals nahmen fünfzig Springer aus sechs Nationen teil, in den vergangenen Jahren waren es über hundert Springer aus über zehn Nationen.

Im Fliegen Geld verdienen

Mit Skispringen war und ist, etwa im Vergleich zum Fußball, nie das große Geld zu verdienen. Der Großteil der Profis lebt von der Sportförderung oder wird von der Familie unterstützt.
Hoffnung auf bessere Bezahlung weckte erstmals das gesteigerte Medieninteresse der vergangenen Jahre. Endlich interessieren sich Sponsoren im größeren Rahmen für die Springer als Werbeträger, und durch die Fernsehübertragungen können Werbeflächen lukrativ verkauft werden. Das füllt wiederum die Finanztöpfe der Verbände, die es in erhöhten Prämien zurückzahlen. So lag das Preisgeld für einen Weltcup-Sieg 2000

bei 30 000 Mark, für Platz zwei wurden 17 000 Mark, für Platz drei 11 500, Platz vier 6000 Mark, Platz fünf 3 300 Mark und für den sechste Platz 2 200 Mark ausgezahlt. Bei der Vierschanzentournee gab es in der Saison 2000/2001 sogar 50 000 Mark pro Sieg, und der Deutsche Skiverband hätte einem deutschen Gesamtsieger eine Extra-Prämie von 100 000 Mark gezahlt. Auch wenn es für die Sieger noch Sachleistungen wie Autos etc. gibt, die Springer bleiben „unterbezahlt". Für einen Sieg beim alpinen Hahnenkamm-Rennen in Kitzbühel werden 760 000 Mark an Preisgeldern verteilt.

Dazu stellt sich die Frage: Was ist mit Springern aus finanzschwachen Nationen, die dazu nicht unter die ersten Sechs im Weltcup springen, um an den Preisgeldern zu partizipieren? Martin Schmitt setzte sich in der Vergangenheit immer wieder für Aufbesserungen ein. Ihn plagen als Skisprung-Millionär zwar keine Geldsorgen, aber sein Wort wird gehört. Er forderte den Weltverband und die Veranstalter auf: „Die Preisgelder müssen endlich der extrem gestiegenen Wertigkeit unseres Sports in der Öffentlichkeit angepasst werden. Es gibt gerade in Osteuropa viele Sport-

Martin Schmitt bei dem Versuch, allen Journalisten gerecht zu werden.

ler, die kämpfen um ihre Existenz, haben Familien daheim." Jede Saison warten die Springer gespannt, ob es eine „Erhöhung" gibt. Schmitt: „Wir werden immer wieder vertröstet."

Die letzte Siegerehrung der Vierschanzentournee in Bischofshofen. Die Sponsoren haben die Werbefläche voll ausgereizt. Wer hier auf Position eins steht, gewinnt auch den Audi (rechts).

Stars und Rekorde

Weshalb ein Sportler zum Star wird, der andere nicht, lässt sich nicht nur an Erfolgen festmachen. Soziologen, Psychologen und Marketingstrategen beschäftigen sich seit Jahren mit diesem Phänomen und werden trotz einer Menge gesammelter Erfahrungen und Forschungsergebnisse immer wieder von der Realität überrascht. Nicht selten gerade bei den Skispringern, die ohne ihre Anzüge oft unscheinbar und zierlich wirken. Typen, die infolge der Anspannung und Konzentration nicht zu den Strahlemännern der Sportszene gehören.

Auf Nachfrage bei den Zuschauern an der Schanze erhalten die Journalisten seit Jahren ähnliche Antworten – es sei die Mischung aus Mut und Bodenständigkeit, die sie zu Stars mache. Skispringer seien keine abgedrehten Typen, aber auch keine Langweiler, sondern echte Persönlichkeiten.

Die österreichische Skisprunglegende Toni Innauer vergleicht seine Jahre als Aktiver mit dem Alltag der Skispringer von heute: „Das Training und der Zusammenhalt innerhalb der Mannschaft war damals wie heute gleich. Aber wir hatten es ein wenig einfacher. Heute gibt es zwar mehr Geld zu verdienen, aber der Druck, der auf den Springern lastet, ist enorm. Im Zeitalter der Medien entgeht den Augen der Kameras und Journalisten wenig. Für Skispringer aus Österreich und Deutschland ist es dadurch sehr schwierig geworden, die Vierschanzentournee zu gewinnen. Sie müssen in dem Rummel psychisch sehr stark sein. Außenseiter haben es da einfacher. Allerdings bringt die neue Öffentlichkeit auch neue Spannung, und die Sportart wird vor Starrheit bewahrt."

Janne Ahonen
*11. Mai 1977

Der Finne hat gleich zwei Spitznamen: „Maskenmann“, weil er als erster Springer mit einer Vollmaske sprang, und „Schweiger“, weil er zu den ruhigsten unter den Skispringern zählt. Dazu passt, dass er in seiner Freizeit malt. Seine größten Erfolge: Mannschafts-Silber bei Olympischen Spielen 1998, Weltmeister 1999, Gesamtweltcupsieger 2000, Team-Gold bei der Weltmeisterschaft in Lahti 2001. Er und auch alle anderen Finnen eifern ihrem großen Idol nach: Matti Nykänen. Der heutige Nationalheld gewann in den 80er Jahren 46 Weltcups, fünfmal olympisches Gold, er siegte viermal bei Weltmeisterschaften und gewann zweimal die Vierschanzentournee – bislang eine einmalige Bilanz (Stand 2001).

Kazuyoshi Funaki
*27. April 1975

Er ist bisher der erfolgreichste Japaner, Doppelolympiasieger von Nagano 1998 und Doppelweltmeister 1999 in Bischofshofen. Funaki sprang sich vor allem durch seine extreme Vorlage im Flug ins Gedächtnis der Zuschauer – er prägte den „Japan-Stil". Von der Seite sah es aus, als könnte Funaki in der Luft seine Ski küssen. Seit 1999 vermarktet er sich selbst. Er startet unter seinem Firmennamen F.T.I.

Andreas Goldberger
*29. November 1972

Der „alte Österreicher" mit dem Knabengesicht, von dem keiner glaubt, dass er bald seinen 30. Geburtstag feiert. Die Skisprungfans lieben ihn vor allem für seine lockere Art. Nach einem Sieg gab er seinen Ski Mädchennamen. Wenn sie nichts mehr „taugten", kamen sie in den Keller. Längst verziehen ist seine Kokain-Affäre. Nachdem er nach 1993 und 1995 die Vierschanzentournee gewonnen hatte, verlor er den Boden unter den Füßen, integrierte sich aber anschließend wieder in den Sport und wurde in Lahti 2001 mit der Mannschaft Weltmeister.

Sven Hannawald
*9. November 1974

Vom deutschen Team und den Fans wird der Beau unter den Skispringern nur „Hanni" gerufen. Er gehört zu den emotionalen Menschen dieser Sportart. Geht es ihm schlecht, gibt er es sofort zu. Freut er sich, reißt er jeden mit seinem Jubel mit. Seinen Durchbruch hatte Sven Hannawald 1998 in Nagano, als er mit der Mannschaft Olympia-Silber gewann. Ein Jahr später überzeugte er schon im Sommer, holte den Grand-Prix-Gesamtsieg und anschließend WM-Gold beim Mannschaftsspringen in Bischofshofen. 2000 jubelte er als Sieger bei der Skiflug-WM in Vikersund (Norwegen) und jeder, der seine Freude sah, mit ihm.

Tommy Ingebrigtsen
*8. August 1977

Sein Markenzeichen sind lange Haare und schwarze T-Shirts. Auch die Antwort auf die Frage nach seiner Lieblingsmusik fällt immer gleich aus: „Heavy Metal". Der Norweger liebt die Extreme, deshalb fliegt er auch lieber, als dass er springt. Er war der erste Sportler, der die 220-Meter-Marke kratzte. Für ein Jahr hielt er den Weltrekord im Skifliegen mit 119,5 Metern – geflogen in Planica 1999. Auch sein Stil ist einmalig: Bei optimalen Bedingungen scheint er am Hang entlangzuschweben. Sein größter Erfolg: Weltmeister 1995 in Thunder Bay (Kanada).

Adam Malysz
*3. Dezember 1977

Vom unbekannten Weltcup-Springer zum Liebling der Polen, vom bescheidenen Familienvater zum Millionär. Und das alles in einer Saison – 2000/2001. Vierschanzentournee-Sieger, Weltmeister und Gesamtweltcupsieger; in Polen löste er mit seinem Erfolg einen Skisprung-Boom aus, jedes Kind will ein zweiter Adam werden. Was den Zuschauern vor allem im Gedächtnis blieb: sein schüchternes Lächeln unter einem Schnurrbärtchen, wie es zuletzt Jens Weißflog trug.

Martin Schmitt
*29. Januar 1978

Er zählt seit 1999 zu den Großen im deutschen Sport und wird in einem Atemzug mit Tour-de-France-Sieger Jan Ullrich und Formel-1-Weltmeister Michael Schumacher genannt. Seit seinem Werbevertrag mit der Schokoladenfirma Milka schimmern die Schanzen in deren Verpackungsfarbe lila. Er hat das, was einen Sportler zum Star macht: eine natürliche Art, ein forsches Auftreten und unglaublichen Erfolg. Ist er am Start, lassen Siege nicht lange auf sich warten: Team-Bronze 1997 bei der WM in Trondheim, Team-Silber bei den Olympischen Spielen 1998 und Team- und Einzel-Gold bei der WM in Bischofshofen 1999. Eine Saison später gewann er den Gesamtweltcup, bei der WM in Lahti Doppelt-Gold von der Großschanze mit der Mannschaft und im Einzelspringen.

Dieter Thoma
*19. Oktober 1969

Er machte den ersten Sprung ins neue Jahrtausend, es war zugleich der letzte seiner Sportlerkarriere. Dieter Thoma begann am 1.1.2000 um 0.01 Uhr „ein neues Leben“ (Dieter Thoma). Seitdem arbeitet er für den Privat-Sender RTL als Experte und erklärt Deutschland, wie Skispringen funktioniert. Sein größter Erfolg war neben dem Sieg bei der Vierschanzentournee und WM-Gold im Skiflug, dass ihm die Umstellung vom Parallelstil auf den V-Stil gelang und er so mit der Mannschaft Gold bei den Olympischen Spielen in Lillehammer holte. Sein letzter großer Titel: der Mannschaftssieg bei der WM in Bischofshofen mit Christof Duffner, Sven Hannawald und Martin Schmitt.

Jens Weißflog
*21. Juli 1964

1984 holte er für die DDR Gold bei den Olympischen Spielen, zehn Jahre später wiederholte er das für das wiedervereinigte Deutschland. Der Wechsel vollzog sich jedoch nicht ohne Nachtragen zu seiner Vergangenheit als Volkskammerabgeordneter. Doch er stand zu seinem Leben vor der Wende, sagte: „Ich habe meinem Land das zu verdanken, was ich heute bin, ich habe in diesem Land gesiegt, gelebt, gelitten und deshalb kann ich dieses Land nicht einfach wegschmeißen wie eine zerschlissene Hose." Das brachte ihm viel Sympathien in den neuen Bundesländern ein, während man ihm in den alten seinen Erfolg schon mal neidete. Es bedurfte einer „zweiten Vereinigung". Heute ist er Ehrenbürger in Oberwiesenthal und Skisprungexperte für das ZDF. Als einziger Skispringer gewann er die Vierschanzentournee viermal, zuletzt 1996. Danach beendete er seine Karriere.

Weltmeister im Skispringen

1937 Chamonix (Frankreich)		B. Ruud (NOR)
1938 Lahti (Finnland)		A. Ruud (NOR)
1939 Zakopane (Polen)		J. Bradl (GER)
1950 Lake Placid (USA)		H. Björnstad (NOR)
1954 Falun (Schweden)		M. Pietikainen (FIN)
1958 Lahti (Finnland)		J. Kärkinen (FIN)
1962 Zakopane (Polen)		
	K 70	T. Engan (NOR)
	K 90	H. Recknagel (GDR)
1966 Oslo (Norwegen)		
	K 70	B. Wirkola (NOR)
	K 90	B. Wirkola (NOR)
1970 Vysaké Tatry (Tschechien)		
	K 70	G. Napelkov (SOV)
	K 90	G. Napelkov (SOV)
1974 Falun (Schweden)		
	K 70	H.G. Aschenbach (GDR)
	K 90	H.G. Aschenbach (GDR)
1978 Lahti (Finnland)		
	K 70	M. Buse (GDR)
	K 90	T. Räissänen (FIN)
1982 Oslo (Norwegen)		
	K 70	A. Kogler (AUT)
	K 90	M.Nykänen (FIN)
	Team	Norwegen (J. Sätre, P. Bergerud, O. Bremseth, O. Hansson)

1985 Seefeld (Österreich)	
K 70	J. Weißflog (GDR)
K 90	P. Bergerud (NOR)
Team	Finnland (T. Ylipulli, P. Kokkonen, M, Nykänen, J. Puikkonen)
1986 Oberstdorf (Deutschland)	
K 70	J. Parma (TCH)
K 90	A. Felder (AUT)
Team	Finnland (M. Nykänen, A.P. Nikkola, T. Ylipulli, P. Suorsa)
1963 Lahti (Finnland)	
K 70	J. Weißflog (GDR)
K 90	J. Puikkonen (FIN)
Team	Finnland (A. P. Nikkola, J. Puikkonen, M. Nykänen, R. Laakkonen)
1991 Predazzo (Italien)	
K 70	H. Kuttin (AUT)
K 90	F. Petek (JUG)
Team	Österreich (H. Kuttin, E. Vettori, S. Horngacher, A. Felder)
1992 Falun (Schweden)	
K 90	M. Harada (JPN)
K 115	E. Bredesen (NOR)
Team	Norwegen (B. Myrbakken, H. Brendryen, Ö. Berg, E. Bredesen)
1995 Thunder Bay (Kanada)	
K 90	T. Okabe (JPN)
K 120	T. Ingebrigtsen (NOR)
Team	Finnland (A. P. Nikkola, J. Soininen, J. Ahonen, M. Laitinen)

1996 Trondheim (Norwegen)	
K 90	J. Ahonen (FIN)
K 120	M. Harada (JPN)
Team	Finnland (A. P. Nikkola, J. Soininen, M. Laitinen, J. Ahonen)
1999 Ramsau (Österreich)	
K 90	K. Funaki (JPN)
K 120	M. Schmitt (GER)
Team	Deutschland (S. Hannawald, C. Duffner, D. Thoma, M. Schmitt)
2000 Lahti (Finnland)	
K 90	A. Malysz (POL)
K 116	M. Schmitt (GER)
Team K 90	Österreich (W. Loitzl, A. Goldberger, M. Höllwarth, S. Horngacher)
Team K 116	Deutschland (S. Hannawald, M. Uhrmann, A. Herr, M. Schmitt)

Weltmeister im Skifliegen

1972 Planica (Jugoslawien)	W. Steiner (SUI)
1973 Oberstdorf (Deutschland)	H. G. Aschenbach (GDR)
1975 Tauplitz (Österreich)	K. Kodesjska (TCH)
1977 Vikersund (Norwegen)	W. Steiner (SUI)
1979 Planica (Jugoslawien)	A. Kogler (AUT)
1981 Oberstdorf (Deutschland)	J. Puikkonen (FIN)
1983 Harrachov (Tschechien)	K. Ostwald (GDR)
1985 Planica(Jugoslawien)	M. Nykänen (FIN)

1986 Tauplitz (Österreich)	A. Felder (AUT)
1988 Oberstdorf (Deutschland)	O. G. Fidjestöl (NOR)
1990 Vikersund (Norwegen)	D. Thoma (GER)
1992 Harrachov (Tschechien)	N. Kasai (JPN)
1994 Planica (Slowenien)	J. Sakala (CZE)
1996 Tauplitz (Österreich)	A. Goldberger (AUT)
1998 Oberstdorf (Deutschland)	K. Funaki (JPN)
2000 Vikersund (Norwegen)	S. Hannawald (GER)

Olympiasieger

1924 Chamonix (Frankreich)	T. Thams (NOR)
1928 St. Moritz (Schweiz)	A. Andersen (NOR)
1932 Lake Placid (USA)	B. Ruud (NOR)
1936 Garmisch-Partenkirchen (Deutschland)	B. Ruud (NOR)
1948 St. Moritz (Schweiz)	Hugstedt (NOR)
1952 Oslo (Norwegen)	A. Bergmann (NOR)
1956 Cortina D'Ampezzo (Italien)	A. Hyvärinen (FIN)
1960 Squaw Valley (USA)	H. Recknagel (GDR)
1964 Innsbruck (Österreich)	
K 70	V. Kankkonen (FIN)
K 90	T. Engan (NOR)

1968 Grenoble (Frankreich)	
K 70	J. Raska (TCH)
K 90	V. Belassov (SOV)
1972 Sapporo (Japan)	
K 70	Y. Kasaya (JPN)
K 90	W. Fortuna (POL)
1976 Innsbruck (Österreich)	
K70	H. G. Aschenbach (GDR)
K 90	K. Schnabel (AUT)
1980 Lake Placid (USA)	
K 70	T. Innauer (AUT)
K 90	J. Törmänen (FIN)
1984 Sarajevo (Jugoslawien)	
K 70	J. Weißflog (GDR)
K 90	M. Nykänen (FIN)
Team	Finnland (M. Pusenius, P. Kokkonen, J. Puikkonen, M. Nykänen)
1988 Calgary (Kanada)	
K 70	M. Nykänen (FIN)
K 90	M. Nykänen (FIN)
Team	Finnland (M. Nykänen, A. P. Nikkola, J. Puikkonen, T. Ylipulli)
1992 Albertville (Frankreich)	
K 90	E. Vettori (AUT)
K 120	T. Nieminen (FIN)
Team	Finnland (A. P. Nikkola, M. Laitinen, R. Laakkonen, T. Nieminen)
1994 Lillehammer (Norwegen)	
K 90	E. Bredesen (NOR)
K 120	J. Weißflog (GER)
Team	Deutschland (H. J. Jäkle, C. Duffner, D. Thoma, J. Weißflog)

1998 Hakuba (Japan)

K 90	K. Funaki (JPN)
K 120	J. Soininen (FIN)
Team	Japan (T. Okabe, H. Saito, M. Harada, K. Funaki)

Sieger der Vierschanzentournee

1953	Sepp Bradl (AUT)
1953/54	Olav Björnstad (NOR)
1954/55	Hemmo Silvonoinen (FIN)
1955/56	Nikolai Kamenski (UdSSR)
1956/57	Pentti Uotinen (FIN)
1957/58	Helmut Recknagel (GDR)
1958/59	Helmut Recknagel (GDR)
1959/60	Max Bolkart (FRG)
1960/61	Helmut Recknagel (GDR)
1961/62	Eino Kirjonen (FIN)
1962/63	Toralf Engan (NOR)
1963/64	Veikko Kankkonen (FIN)
1964/65	Torgej Brandtzäg (NOR)
1965/66	Veikko Kankkonen (FIN)
1966/67	Björn Wirkola (NOR)
1967/68	Björn Wirkola (NOR)
1968/69	Björn Wirkola (NOR)
1969/70	Horst Queck (GDR)
1970/71	Jiri Raska (TCH)
1971/72	Ingolf Mork (NOR)
1972/73	Rainer Schmidt (GDR)

1973/74	H. G. Aschenbach (GDR)
1974/75	Willi Pürstl (AUT)
1975/76	Jochen Danneberg (GDR)
1976/77	Jochen Danneberg (GDR)
1977/78	Kari Ylianttila (FIN)
1978/79	Pentti Kokkonen (FIN)
1979/80	Hubert Neuper (AUT)
1980/81	Hubert Neuper (AUT)
1981/82	Manfred Deckert (GDR)
1982/83	Matti Nykänen (FIN)
1983/84	Jens Weißflog (GDR)
1984/85	Jens Weißflog (GDR)
1985/86	Ernst Vettori (AUT)
1986/87	Ernst Vettori (AUT)
1987/88	Matti Nykänen (FIN)
1988/89	Risto Laakkonen (FIN)
1989/90	Dieter Thoma (GER)
1990/91	Jens Weißflog (GER)
1991/92	Toni Nieminen (FIN)
1992/93	Andreas Goldberger (AUT)
1993/94	Espen Bredesen (NOR)
1994/95	Andreas Goldberger (AUT)
1995/96	Jens Weißflog (GER)
1996/97	Primoz Peterka (SLO)
1997/98	Kazuyoshi Funaki (JPN)
1998/99	Janne Ahonen (FIN)
1999/00	Andreas Widhölzl (AUT)
2000/01	Adam Malysz (POL)

Weltrekordentwicklung im Skifliegen

1936	Sepp Bradl (AUT)	101,5 m	(Planica)
1948	Fritz Tschannen (SUI)	120,0 m	(Planica)
1961	Jose Slibar (YUG)	141,0 m	(Oberstdorf)
1964	Lars Grini (NOR)	150,0 m	(Oberstdorf)
1969	Manfred Wolf (GDR)	165,0 m	(Planica)
1976	Toni Innauer (AUT) Falko Weißpflog (GDR)	176,0 m	(Oberstdorf)
1981	Armin Kogler (AUT)	180,0 m	(Oberstdorf)
1985	Matti Nykänen (FIN)	191,0 m	(Planica)
1994	Toni Nieminen (FIN)	203,0 m	(Planica)
1994	Espen Bredesen (NOR)	209,0 m	(Planica)
1997	Lasse Ottesen (NOR)	212,0 m	(Planica)
1999	Martin Schmitt (GER)	214,5 m	(Planica)
1999	Tommy Ingebrigtsen (NOR)	219,0 m	(Planica)
2000	Andreas Goldberger (AUT)	225,0 m	(Planica)

Die wichtigsten Weltcup-Schanzen in Deutschland und Österreich

Oberstdorf, Schattenbergschanze
Rekord: 133 m, Martin Schmitt (GER), 2000

Garmisch-Partenkirchen, Große Olympiaschanze
Rekord: 129,5 m, Adam Malysz (POL), 2001

Innsbruck, Bergisl-Schanze
(2001 abgerissen, derzeit im Neuaufbau)
Rekord: 120,5 m, Adam Malysz (POL) 2001

Bischofshofen, Paul-Ausserleitner-Schanze
Rekord: 131,5 m, Andreas Widhölzl (AUT), 2000

Willingen, Große Mühlenkopfschanze
Rekord: 135 m, Andreas Widhölzl (AUT), 2001

Tittisee-Neusstadt, Hochfirstschanze
Rekord: 141,5 m, Manuel Fettner (AUT), 2001

Hinterzarten, Adlerschanze (Mattenschanze)
Rekord: 112 m, Noriaki Kasai (JAP), 2001

Weitere Weltcup- und Continentalcup-Schanzen

Deutschland	Oberhof, Brotterode, Lauscha, Ruhpolding, Klingenthal, Schönwald/Neustadt, Winterberg, Reit im Winkel, Oberwiesenthal, Schonach
Finnland	Kuopio, Lahti, Rovaniemi, Kuusamo, Vuokatti
Frankreich	Chamonix, Courchevel
Italien	Gallio, Predazzo/Val die Fiemme, Cortina D'Ampezzo

Japan	Zao, Sapporo, Hakuba, Nayoro
Kanada	Thunder Bay, Canmore
Korea	Muju Resort
Norwegen	Lillehammer, Trondheim, Oslo, Vaaler, Rälingen, Baerum, Meldal, Raufoss, Hamar
Österreich	Ramsau, Villach, Stams, Breitenwang, Saalfelden, Seefeld, Murau
Polen	Zakopane
Schweden	Ørnskøldsvik, Sollefteå, Hede, Falun, Gällivare, Bollnäs
Schweiz	St. Moritz, Engelberg, Gstaad
Slowakei	Strbske Pleso
Slowenien	Velenje
Tschechien	Liberec
USA	Ispheming, Iron Mountain, Westby, Salt Lake City, Steamboat Springs, Lake Placid

64
FISCHER

FISCHER

Adressen und Literaturnachweis

Adressen

Deutscher Skiverband
Präsident Fritz Wagnerberger
Geschäftsstelle
Hubertusstraße 1
D-82152 Planegg
Tel.: 00 49 (89) 8 57 90-0
Fax: 00 49 (89) 8 57 90-2 57
www.ski-online.de

FIS – Internationaler Skiverband
Präsident Gian Franco Kasper
Geschäftsstelle
Blochstraße 2
CH-3653 Oberhofen/Thunersee
Tel.: 00 41 (33) 2 44 61-61
Fax:00 41 (33) 2 44 61-71
www.fis-ski.com

www.skispringen.de
www.skispringen.com
www.damenskispringen.de
www.Skiclub-Meinerzhagen.de
www.ski-club-schoenwald.de

Literaturnachweis

Deutscher Skiverband, Jahrbuch 2000/2001
Deutscher Skiverband, Skisprung und Nordische Kombination, 1999
Fèderation International de Ski, Internationale Skiwettkampfordnung 2000/2001
Fèderation International de Ski, Media Guide 2000/2001
Geiger, Ludwig, Medizinische Studie Skifliegen, 1999
Jakob, Ernst, Medizinische Studie, 1992
Nölke, Marc, private Aufzeichnungen zum Skispringen, 1999
Thoma, Dieter, private Aufzeichnungen zum Skispringen, 1999